Robert Steidl / Georg Leindl

Barriqueausbau

Verlag Eugen Ulmer
Österreichischer Agrarverlag

Abbildungsnachweis

Umschlag: Barriques: Thomas Hartmann, Taunusstein;
Weinberge, Reben: Regina Kuhn, Stuttgart

Inhalt: Abb. 47, 48: aus Firmenwerbung 2001 Toneleria Nacional, Santiago, Chile; Abb. 60, 61: H. Lüthi/Vetsch: Mikroskopische Beurteilung von Weinen und Fruchtsäften in der Praxis, Heller Chemie 1979

Alle anderen Abbildungen: Autoren

Impressum

Die Deutsche Bibliothek – CIP-Einheitsaufnahme
Ein Titelsatz für diese Publikation ist bei der Deutschen Bibliothek erhältlich.

Projektleitung: Irene Biricz, Österreichischer Agrarverlag
Satz: Hantsch & Jesch PrePress Services OEG, Leopoldsdorf
Druck: Landesverlag Druckservice, Linz

Printed in Austria

ISBN (Österreich): 3-7040-1834-1
ISBN (Deutschland): 3-8001-3681-3

Inhalt

Vorwort

In Österreich und Deutschland war man seit jeher gewohnt, Weine sortenrein zu trinken. Der Konsument erwartete sich von dem gekauften Wein ein entsprechendes Sortenaroma. Kommt nun eine mehr oder weniger deutliche Holznote zu diesem Charakter dazu, so kann dies im positiven Fall den Gesamteindruck harmonisch ergänzen – der Weintyp wird aber ein anderer sein. Es muss also der Winzer selbst entscheiden, ob er einen klassisch ausgebauten Wein mit typischem Sortencharakter haben will, ob die Frucht durch das Barrique unterstützt, aber auch verändert wird, oder ob er auch bei Weißwein einen Weinausbau im internationalem Stil – mit deutlicher Holznote und biologischem Säureabbau anstrebt.

Alle Ausbaumethoden haben heute ihre Liebhaber, vorausgesetzt das Ausgangsmaterial „stimmt". Barriquelagerung kann den vorhandenen Wein unterstützen um mehr Komplexität, Dichte und Ausdruckskraft zu erreichen, aber fehlende Weinqualität nicht ersetzen. Eine alleinige Geschmacksveränderung um ihrer selbst wird also nicht im Sinn der Sache sein.

Schaut man nach Übersee, wo Holzaromen im Wein üblich sind – nach welcher Methode auch immer sie erreicht werden – ist heute teilweise ein gegenläufiger Trend festzustellen: „Unwooded" oder „unoaked", also „ohne Holz" steht als Besonderheit am Etikett. Die Fruchtaromatik steht dann im Vordergrund – was seit jeher unsere Stärke gewesen ist.

Der Ausbau im Barrique hat heute eine immense Komplexität erreicht. Welches Holz für welche Sorte, welches Toasting für welche Lagerdauer, welche Holzherkunft für welches Terroir – da kann es keine einheitliche Meinung geben. Ganz im Gegenteil, die eigene Erfahrung, wie die individuellen Stärken am besten zu betonen sind, ist wichtiger denn je. Eine verwirrende, aber anspornende Herausforderung – für den der sich ihr stellt! Eines scheint aber damit klar zu sein: ein allgemein gültiges Rezept für diese Art des Weinausbaues wird nicht möglich sein.

Allgemein gültig ist aber die Wichtigkeit und Beachtung einiger Grundvoraussetzungen. Ziel dieses Buches ist es, die wichtigsten Kriterien anzusprechen, um dem Praktiker – hat er sich für diese Ausbaumethode entschieden – die richtigen Entscheidungsgrundlagen an die Hand zu geben, um kostspielige Fehler zu vermeiden, und möglichst rasch den für ihn befriedigenden Weg einzuschlagen.

Denn schließlich soll die Beschäftigung mit Wein lustvoll sein. Sowohl für den genießenden Konsumenten, als auch für den Produzenten, der hier eine Möglichkeit zur Kreativität finden kann, die sich sonst vielleicht selten bietet!

In diesem Sinne: Viel Erfolg und Freude!

Robert Steidl

Georg Leindl

1 Holzbestandteile

Die chemische Grundzusammensetzung ist im wesentlichen bei allen Hölzern gleich. Bezogen auf die Trockensubstanz teilen sich die Bestandteile folgendermaßen auf:

49,1%	Kohlenstoff (C)
44,0%	Sauerstoff (O)
6,3%	Wasserstoff (H)
0,1%	Stickstoff (N)
0,5%	mineralische Stoffe (Asche)

Die Asche besteht aus
25 bis 40% Kalium,
20 bis 47% Kalk und
1 bis 8,5% Phosphorsäure.

Als primäre Eichenholzbestandteile werden folgende Stoffe genannt:

45%	Cellulose
25%	Hemicellulose (Xylane)
23%	Lignin
7%	extrahierbare Stoffe

Cellulose ist der mengenmäßig bedeutendste Naturstoff. Er ist weit verbreitet und verleiht den pflanzlichen Zellwänden ihre Festigkeit. Den Aufbau bilden einzelne Zuckermoleküle (D-Glucose), die β-(1–4) glycosidisch verknüpft sind. Diese Ketten sind unverzweigt und können aus 3500–14000 Zuckern bestehen. Die Festigkeit und geringe Löslichkeit der Cellulosefasern beruht darauf, dass sich immer mehrere Ketten durch Wasserstoffbrückenbindungen zusammenlagern.

Hemicellulosen sind eine uneinheitliche Gruppe von Polysacchariden die meist aus verschiedenen Zuckerbausteinen bestehen. Sie sind generell kleiner als die Cellulose und bestehen aus 50–250 Einzelmolekülen. Als weiteres Unterscheidungsmerkmal zur Cellulose dient die mögliche Verzweigung der Ketten. Die Grundbausteine können Hexosen oder – bei Laubhölzern bevorzugt – Pentosen (Xylan, Araban) sein.

Lignin ist anteilmäßig nur der drittwichtigste Stoff, aber weintechnisch gesehen der wichtigste und interessanteste Bestandteil des Holzes (Veränderung bei der Toastung der Fässer). Der Anteil liegt bei 18–30% der Holzmasse, die Zusammensetzung ist uneinheitlich und besteht aus Coniferyl-, Sinapin- und p-Cumarylalkohol, die in riesige verzweigte Moleküle eingebaut sind. Diese Makromoleküle umwachsen die oben beschriebenen Cellulosefasern und sind somit für den Zusammenhalt des Holzes verantwortlich.

Während Cellulose, Hemicellulose und Lignin geruchlich und geschmacklich neutral sind, findet man unter den extrahierbaren Stoffen Phenole, Terpene, Lactone – die Holzaromen. Sie sind sehr wohl geschmacks- und geruchsaktiv und tragen damit zum Weinaroma bei.

2 Holzarten und Herkünfte

Da für die Barriqueherstellung letztlich nur Eichenholz von Interesse ist, wird auf die anderen für die Fassherstellung mitunter verwendeten Hölzer (z.B. Akazie oder Kastanie) im Rahmen dieses Buches nicht eingegangen.

Als geeignete Eichenarten gelten:
Stieleiche *(Quercus robur)* auch Wintereiche, Slawonische Eiche, die bekannteste Herkunft ist das Limousin
Traubeneiche, *(Quercus petraea),* auch Sommereiche, Steineiche, Karsteiche, das bekannteste Herkunftsgebiet ist das Allier
Amerikanische Weißeiche *(Quercus alba)*

Die gebräuchlichsten Herkünfte:

Vogesen	sehr gute Bewertung beim Rotwein
Troncais,(Allier)	gibt sehr schnell angenehmen und intensiven Holzton
Limousin	nicht so fein, adstringierende Note, auch parfümiert
Burgund, Nevers, Chatillonnais	Aromatik liegt dazwischen

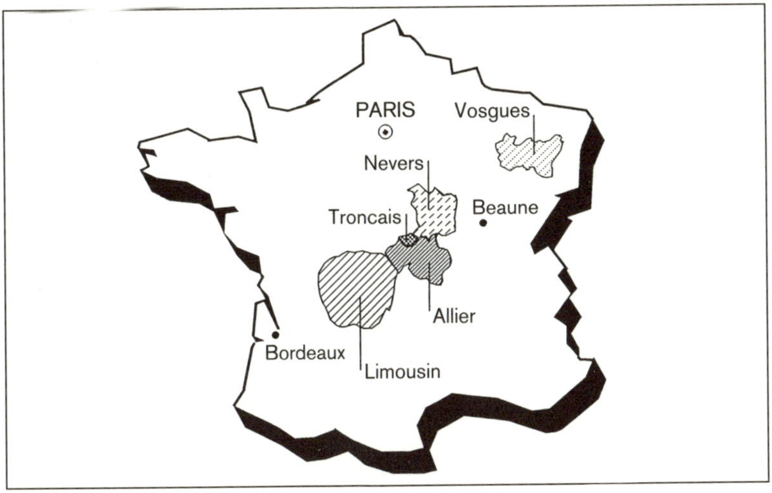

Abb. 1
Die wichtigsten Herkunftsregionen für Eichenholz in Frankreich

Die Eigenschaften der Hölzer hängen stark mit der Porenstruktur und ihrer Zusammensetzung zusammen. Bei engporigem und gerbstoffreichem Holz (Vogesen, Troncais) wird der Wein schon von Beginn an stark beeinflusst. Ist es hingegen lockerporig (Limousin) prägt sich der Holzcharakter erst bei längerer Lagerung aus.
Holz aus dem Burgund, Nevers, Chatillonnais hat mittelgroße Poren und liegt infolgedessen mit seinen Eigenschaften zwischen den bereits erwähnten.

Fässer aus amerikanischer Eiche ergeben aufgrund ihrer spezifischen Zusammensetzung aromatischere und parfümiertere Weine (siehe Abb. 2).

Die unterschiedliche Herkunft hat nicht nur ihre differente Auswirkung auf den Wein, auch analytisch lässt sich anhand der verschiedenen Holzinhaltsstoffe das Ursprungsgebiet feststellen. So ist z.B. der Gehalt an Ellagtanninen in europäischen Hölzern höher als in amerikanischen.

Neben den klassischen französischen Hölzern und der ebenfalls bereits weltweit etablierten amerikanischen Eiche spielen vermehrt auch Hölzer aus anderen Ländern eine Rolle. In bzw. aus Österreich werden z.B Ybbstaler oder Manhartsberger Eiche verwendet. Ungarn, Rumänien, Weißrussland, Deutschland sind weitere Herkünfte, mit denen zum Teil erst Erfahrungen gesammelt werden.

Weiters ist neben der Verwendung diverser „Spezialitäten" auch ein Holzmix eine heute aktuelle Variante. Hölzer verschiedener Herkünfte werden zugleich zu einem Fass gebunden (siehe Abb. 15, S. 18).

Abb. 2
Barrique international: Amerikanische Eiche von Chilenischer Fassbinderei

3 Herstellung und Holzbehandlung

3.1 Holzaufbereitung

Gute Daubenbretter sollten so gewonnen werden, dass die Jahresringe rechtwinklig zur Weinseite stehen und die Markstrahlen parallel dazu liegen. Haben die Markstrahlen eine andere Ausrichtung, kann der Wein durch sie nach außen diffundieren. Liegen sie hingegen normal zur Diffusionsrichtung (parallel zur Fassinnenseite) sind sie eine wichtige Barriere.

Prinzipiell gibt es drei Möglichkeiten, um einen Baumstamm zu Daubenbrettern zu zerlegen:
- Gatterschnitt
- Spalten
- Spiegelschnitt

Der Gatterschnitt scheidet von vornherein aus, da bei dieser Methode die Schnittführung für die Gewinnung von hochwertigen Dauben kaum möglich ist.

Das Spalten des Stammes wird meist als die optimale Art Dauben zu gewinnen angesehen. Gespaltenes Holz ist aufgrund des größeren Arbeitsaufwandes und des höheren Verlustes teurer. Der Vorteil dieser Methode liegt in der Ausrichtung des Holzes, da entlang der Markstrahlen gespalten wird. Dadurch ist das Holz weniger gasdurchlässig, der SO_2-Bedarf des Weines bei der Lagerung kann daher geringer sein als bei Fässern aus gesägtem Holz. Der Vorteil dieser Art der Auftrennung geht aber in einem gewissen Maß beim Hobeln wieder verloren (Abb. 3).

Abb. 3
Holzspalter

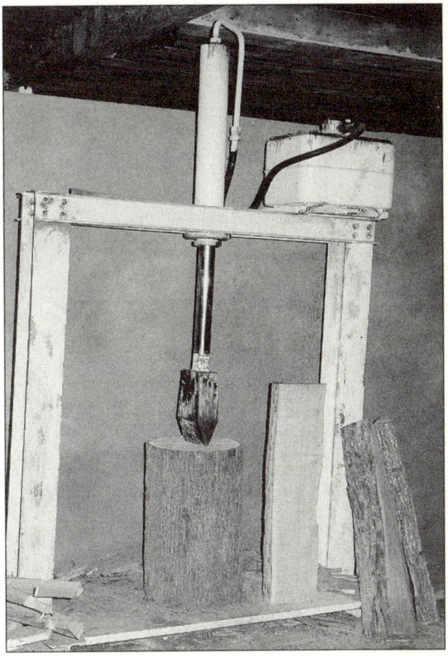

Der Spiegelschnitt ist sowohl qualitativ als auch preislich eine gute Alternative.
Aufgrund der Schnittführung wird der Stamm ebenfalls entlang der Markstrahlen geteilt, oder diese werden zumindest nur im spitzen Winkel angeschnitten. Der Ausdruck Spiegelschnitt bezieht sich darauf, dass bei dieser Schnittführung die Markstrahlen durch den flachen Anschnitt als helle Flächen (Spiegel) erscheinen (siehe Abb. 4 + 5).

3.2 Holztrocknung

Bei der Trocknung wird der Wassergehalt des frisch geschlagenen Holzes von bis zu 45% auf ca. 15% reduziert. Mit der Trocknung einher geht ein Schwund des Holzes, welcher nicht in jede Richtung gleich ist. In der Längsrichtung beträgt er nur 0,1 bis

Abb. 4
Der Spiegelschnitt (rechts) bringt mehr Holzausbeute

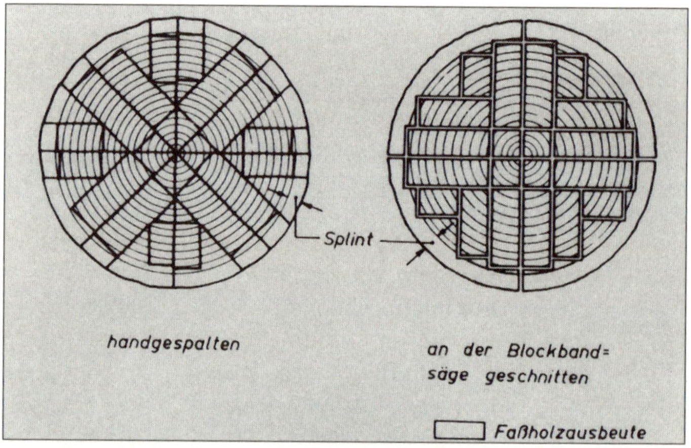

Abb. 5
Gespalten und gesägt: Die Spaltebenen verlaufen weitgehend entlang der Markstrahlen

0,3% und ist damit praktisch vernachlässigbar. In Richtung der Jahresringe hingegen kann der Schwund bis zu 10% betragen.
Da Holz nicht nur Wasser abgeben kann, sondern bei entsprechender Außenfeuchte auch wieder aufnimmt, kommt es zu Spannungszuständen die zu einem Werfen (Verziehen und Reißen) des Holzes führen können.

Das Ziel der Trocknung kann über zwei verschiedene Wege erreicht werden.

künstliche Trocknung

Die für Fassholz weniger günstige Variante ist eine künstliche Trocknung in Trockenkammern binnen weniger Wochen. Das Ergebnis ist wegen der mangelnden enzymatischen Aufschließung und fehlenden Auswaschung von Gerbstoffen nicht zufriedenstellend. Auf diese Weise gewonnene Dauben haben einen hohen Gehalt an Tannin und seinen Hydrolyseprodukten, dies führt zu weniger feinen und bitteren Weinen, auch ist der Einfluss auf den Wein schwächer.

natürliche Trocknung ist besser fürs Aroma

Die bessere Methode ist die althergebrachte Art der Holztrocknung, bei welcher die Dauben auf Stöße geschlichtet werden, in denen jedes Holzstück möglichst gleichmäßig dem Angriff der Witterung ausgesetzt ist. Man berechnet hier pro cm Holzdicke eine Trocknungsdauer von 1 bis 2 Jahren. In dieser Zeit kommt es bis zu einem gewissen Grad zu enzymatischen Umsetzungen, wobei die Enzyme sowohl von Mikroorganismen als auch aus dem Holz stammen können. Am wichtigsten ist dabei die Spaltung von bitteren, leicht hydrolysierbaren Tanninen. Die Spaltprodukte können leicht oxidiert oder vom Regenwasser ausgewaschen werden. In Summe führen alle diese Vorgänge zu einer deutlichen Reduktion der im Holz vorhandenen Gerbstoffe. Für den Wein bedeutet das ein feineres, mehr vanilleartiges Holzaroma, das zudem kräftiger ist (siehe Abb. 6+7, S. 14).

3.3 Das Toasten

Um die Dauben biegen zu können wird das halb gebundene Fass über ein offenes Feuer gestülpt, durch die Hitze (ca. 200°C) wird einerseits die Verformung ermöglicht, zum anderen kommt es zu einer Bräunung *(Toasting)*. Je nach Grad der Bräunung (bis hin zu einer deutlichen Ankohlung) unterscheidet man üblicherweise die

Abb. 6 und 7
Holztrocknung am Stoß:
Genügend Zeit für den Abbau
geschmacklich schlechter
Gerbstoffe

Varianten *Light, Medium* und *Heavy*. Zusätzlich gibt es die jeweiligen Abstufungen *plus* oder *minus*, heute werden auch weitere Zwischenstufen wie z. B. *Medium long toast* angeboten.

Beim Toastungsgrad *Medium* wird das Holz bis zu einer Tiefe von ca. 2 mm verändert, bei *Heavy* bis zu 3–4 mm. Ein nicht unwesentlich der Faktor den man berücksichtigen sollte ist, ob die Fassböden ebenfalls getoastet sind, da sie einen nicht unerheblichen Anteil an der Fassfläche haben. Das Toasten ist zwar möglich aber aufwendig und wird daher in der Praxis nicht immer gemacht.

Abb. 8
Feuerstellen für das Biegen und Toasten der Fässer

Abb.9
Die verschiedenen Toastungsstärken: von rechts nach links: light, medium, medium plus, heavy

Abb. 10
Fassinnenseite
mit …

Abb. 11
… und ohne
getoasteten Boden

Wie letztendlich getoastet wird – bei welcher Temperatur, mit zusätzlichem Dampfeinsatz, wie lange, ob mit offenem Feuer aus Eichenspänen oder mit Gas – ist das wohl best gehütetste Geheimnis der Zunft. Durch die Qualität der Toastung hebt sich ein Fassbinder vom anderen ab (neben der Qualität des Grundholzes und der Qualität der Verarbeitung). In Österreich ist zur Zeit sowohl für Rot- wie für Weißwein meist *Medium* bzw. *Medium plus* getoastetes Holz im Einsatz.

Die geheimnisvollen Kürzel der Hersteller auf den Fassböden beziehen sich auf einfache Art (zumeist) auf die Holz- und Verarbeitungsart.

Abb. 12
„AM+T“: Allier mit Medium Toasting Plus (Taransaud)

Abb. 13
„Troncais M + extraction lente“: Die Holzart mit Medium Plus getoastet, mit (angeblich) nur langsamer Stoffabgabe (Cadus)

Abb. 14
„American Oak MT 2YR extra fine grain“: Amerikanische Eiche, mittel getoastet, 2 Jahre getrocknetes, extra feinporiges Holz (World Cooperage Company)

Abb. 15
„Blend“: Verschiedene Holzherkünfte sind in einem Fass zusammen verarbeitet (Radoux)

Wichtiger als die Verfärbung beim Toasten sind aber die chemischen Umsetzungen (Thermodegradation) bei diesem Vorgang, denn erst sie ermöglichen das gewünschte Barriquearoma. Würde man diese Fässer wieder aushobeln, gäben sie ohne weitere Behandlung nur harte, raue Gerbstoffe an den Wein ab.

Beim Ausbrennen kommt es zur Thermogradation von:

Karamel

Cellulose und Hemicellulose zu einfachen Zuckern und zu Furanderivaten, welche dann aus dem Holz extrahiert werden können (Gesamtextraktzunahmen bis zu 1 g/l sind möglich). Ihr Gehalt ist bei mittlerem Toasting am höchsten. In Kombination mit Lactonen (z. B. Eichenlacton) sind sie für die Karamelnote verantwortlich.

Vanillin

Lignin wird zu aromatischen Aldehyden abgebaut – für Barriqueweine besonders wichtig ist das Vanillin welches in Konzentrationen von 0,3–0,8 mg/l im fertig ausgebauten Wein vorkommt. Sein Geruchsschwellenwert liegt zwar bei 0,5 mg/l, aber auf Grund von Wechselwirkungen mit anderen Aromastoffen ist der Geruch oft stärker als die Konzentration vermuten lassen würde.

Essigsäure entsteht

Ein negativer Aspekt des Toastens besteht darin, dass dabei auch der Essigsäuregehalt des Holzes steigt. Bereits frisches Eichenholz kann bis zu 3 mg/g Essigsäure enthalten, beim Ausbrennen steigt der Gehalt durch die Thermodegradation des **Lignins** bis zu 10 mg/g an (unerfreulicherweise vor allem bei der häufigen Toastingstufe *Medium)*. Dabei handelt es sich vor allem um Essigsäureester, die bei der Weinlagerung aus dem Holz extrahiert werden.

Kokos

Aus den **Lipiden** entstehen besonders bei mittlerer bis starker Toastung Lactone die (in reiner Form) nach Kokosnuß riechen. Das sogenannte „Eichenlacton" kommt bei Allier stärker vor als bei Limousin.

Tannine werden von den hart, kratzig und adstringierend schmeckenden Gallo- und Ellagtanninen zu einfachen Phenolen und Zuckern abgebaut. So entstehen zum Beispiel Eugenol (Aromastoff der Gewürznelken), 4-Methylguajakol, 4-Ethylphenol (holzig, rauchig, würzig), 4-Ethylguajakol. Die beiden letztgenannten führen in höheren Konzentrationen auch zu negativen Aromen wie Pferdeschweiß, Stall und Rauchfleisch.

Einige wichtige sekundäre Holzaromastoffe im Wein:

Furanderivate	Furfural und Hydroxymethylfurfural (10–20 mg/l), Kochgeschmack
Eichenlacton	Geruch nach Kokosnuss
	1 mg/l Eichenlacton + 10 mg/l Furfural = Vanille Karamel und Sherryaroma
Vanillin	Schwellenwert 0,5mg/l, Vorkommen 0,3–0,8 mg/l, durch Wechselwirkungen mit anderen Aromen stärkere Ausprägung
Syringaldehyd	aus dem Ligninabbau, Waldbeerenaroma, Schwellenwert 15 mg/l
Eugenol	Hauptaroma von Gewürznelken, durchschnittlich 20 µg/l im Wein
4-Methylguajakol	angebranntes Holz
4-Ethylphenol	Schwellenwert 80 µg/l, holzig rauchig, würzig, ab 440 µg/l Speck und Pferdestall
4-Ethylguajakol	Schwellenwert 20 µg/l, ab 70 µg/l Stall und Pferdeschweiß
4-Ethylphenol + 4-Ethylguajakol	ab 425 µg/l Pferdeschweiß und Rauchspeck

Die verschiedenen Toastingstufen und ihre Aromen:

Light	Duft	zartes Holzaroma, leichtes Vanille
	Geschmack	angenehmes, deutliches Holz, leicht bitter und adstringierend
Medium	Duft	würzig, dichtes Holzaroma, Vanille, Kakao, Schokolade
	Geschmack	rundes, mildes Holz, weich, Röstbrotaromen, zart bitter und adstringierend
Heavy	Duft	weniger Holz, rauchig, Kaffeeröstaroma, Karamel
	Geschmack	gekocht, gebranntes Holz, stärker bitter, weniger Adstringenz, weniger elegant

4 Vorgänge bei der Lagerung

Mehrere Dinge passieren bei der Lagerung. Einerseits werden Stoffe aus dem Fassholz herausgelöst. Andererseits werden oder wurden bereits im Holz durch Luftsauerstoff einige dieser Stoffe verändert. Und nicht zuletzt spielt Tannin bei weiteren Reaktionen im Wein eine Rolle.

4.1 Auslaugungsvorgänge

Das Auslaugen der Holzinhaltsstoffe ist ein selektiver Prozess, der aufgrund der unterschiedlichen Löslichkeit der Komponenten in den verschiedenen Füssigkeiten abläuft. Bei der Weinlagerung sind Alkohol und Wasser die wichtigsten Lösungsmittel für das Holz. Schon die verschiedenen Konzentrationen eines Stoffes können zu einem anderen aromatischen Resultat führen (siehe Abb. 16).

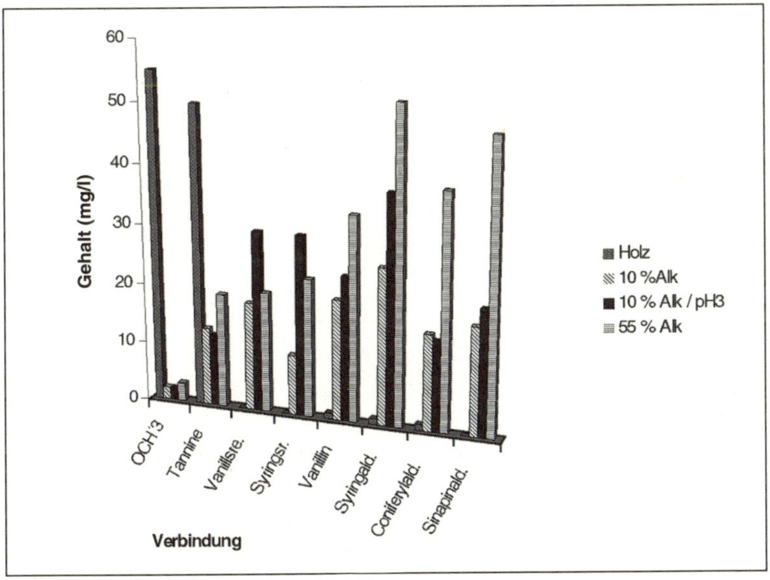

Abb. 16
Auslaugung bei verschiedenen Bedingungen

Das „Angebot“ an herauslösbaren Stoffen variiert mit der Fassgröße, die Holzoberfläche wird bei größerem Volumen im Verhältnis immer kleiner. Dies ist zu bedenken, wenn größere Holzbehälter (z. B. Gärständer) ebenfalls getoastet werden (siehe Abb. 17).

Abb. 17
Verhältnis Oberfläche:Volumen

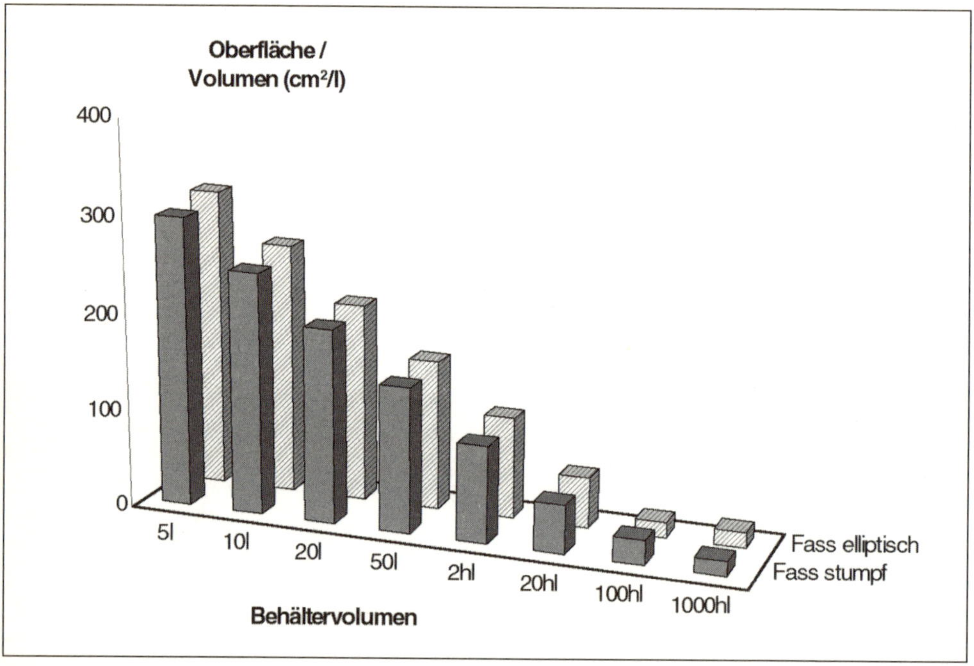

Bei der Lagerung ist allerdings zwischen zwei Vorgängen zu unterscheiden:

- Die direkte Extraktion aus dem Holz und nachfolgende Veränderung im Wein. Dadurch werden unter anderem herausgelöst: Tannine, flüchtige Phenole, Lactone, Furanderivate, Zucker, Cumarine, Steroide, Terpene. Überwiegend werden aber nichtflüchtige lösliche Tannine ausgelaugt, wobei die Ellagtannine, die bei ihrem weiteren Abbau Ellagsäure liefern, eine wichtige Rolle bei der Farbstabilisierung von Rotweinen spielen.
- Die Veränderung der Stoffe im Holz durch Alkohol (Alkoholyse) und deren dann anschließende Herauslösung.

Auf diese Weise entstehen aus dem Lignin aromatische Aldehyde und Säuren, die dann in den Wein übergehen (siehe Abb. 18).

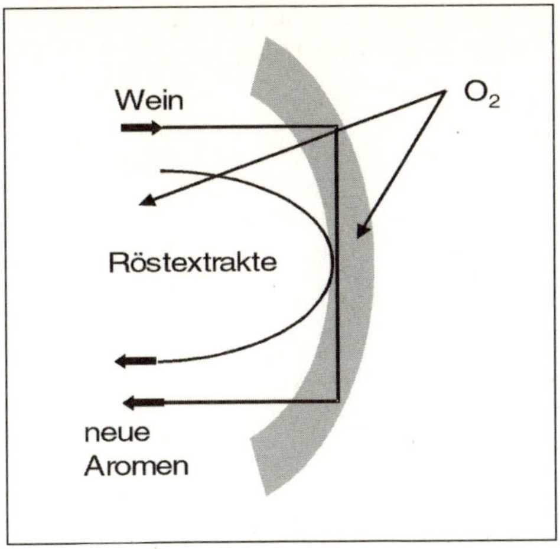

Abb. 18
Die verschiedenen Reaktionsmöglichkeiten bei der Barriquelagerung

4.2 Die Rolle des Sauerstoffs

Er hat mehrere Aufgaben zu erfüllen.

- Zu allererst bei der Veränderung der Holzinhaltsstoffe, die sich bei Lagerung, Toastung und Auslaugung auswirkt.
- Die Weiteroxidation der ausgelaugten Stoffe im Wein ist der zweite Schritt. Genauso werden Aromastoffe oxidiert und umgelagert. Dadurch kann es zu einer Verstärkung oder Abschwächung (wie z.B. des BSA-Tons) kommen.
- Bei Rotwein trägt er noch bei der *„Regenerativen Polymerisation“* als ein wichtiger Reaktionspartner zur Farbstabilisierung bei.

Farbstabilisierung

Beim letztgenannten Punkt kommt es durch den Sauerstoffeinfluss zu einer chemischen Oxidation und damit zur Umlagerung von Phenolen und der (Rück-) Bildung von Acetaldehyd aus dem vorhandenen Alkohol (Wildenraedt-Reaktion). Der Acetaldehyd wird für bestimmte Kondensationsreaktionen benötigt und stammt nicht direkt aus der Gärung. Diese Art der Oxidation wird durch die Förderung der Sauerstoffaufnahme und erst späteren Schwefelung des Jungweines unterstützt, und läuft eher langsam ab.

Die benötigten Sauerstoffmengen liegen bei 0,5–6 mg pro l und Monat. Bei österreichischen Verhältnissen bewegt sich der Bedarf zwischen ca. 2 bis 4 mg/l und Monat.

Die eingesetzten Sauerstoffmengen sind vom Weintyp abhängig. Farb- und gerbstoffarme Sorten „vertragen“ weniger O_2 und sind auch empfindlicher auf Schädigung durch Überdosierung. Dabei kann es sowohl zu einer Farbschädigung als auch einer deutlichen Änderung des Weinaromas kommen. Da für die Barriquelagerung ja nur kräftige, gerbstoffreiche Weine in Frage kommen, sollte in dieser Beziehung kein Problem entstehen.

Der Sauerstoffbedarf wird bei Barriquelagerung „automatisch“ von der Diffusion durch die Fasswand befriedigt. Bei großen Fässern oder Stahlbehältern kann mit *Mikrooxidation* durch entsprechende Dosiergeräte diese ja sehr geringe Menge Sauerstoff zugegeben werden. Bei Barriques ist dies eher im Range einer Fleißaufgabe zu sehen.

4.3 Die Rolle des Tannins

Auch wenn man bei dieser Bezeichnung an die Holzgerbstoffe denkt – das Barrique trägt nur mit 30–80 mg/l zum Tanningehalt bei. Die Hauptmenge der Tannine kommt also aus der Traube. Der größte Anteil des Eichenholzes, die Ellagtannine, sind in dieser Größenordnung sensorisch unmerkbar. Dennoch haben diese für die Farbstabilisierung bei Rotwein eine sehr positive Bedeutung. Diese Stabilisierung erfolgt durch Oxidations- und Polymerisationsreaktionen und benötigt mehrere Komponenten

- Farbstoffe (Anthocyane)
- Gerbstoffe (Flavonoide Phenole – Tannin – Ellagtannin)
- Sauerstoff
- Acetaldehyd

Folgende Bindungsreaktionen mit diesen Bestandteilen können ablaufen:

1. Copigmentation:	Anthocyan – Anthocyan
2. Direkte Kondensation:	Anthocyan – Gerbstoff
3. Mischkondensation:	Anthocyan – Acetaldehyd – Gerbstoff

Von diesen drei Reaktionen ist für die Lagerung die wichtigste die Mischkondensation. Nur so kommt es zu den gewünschten Farbkomplexen, da sonst gelbe bis braune Produkte entstehen. Diese Verbindungen aus Anthocyan – Acetaldehyd –Tannin spielen die weitaus wichtigste Rolle, da durch den erreichbaren höheren Po-

lymerisationsgrad nicht nur die Farbe stabilisiert wird, sondern sensorisch auch Bittere und Adstringenz abnehmen.
Zustande kommt diese Reaktion dann, wenn junger Rotwein unter leicht oxidativen Bedingungen lagert, was eben durch eine Barriquelagerung gut erreicht wird.
Eine wichtige Rolle spielt dabei die Herkunft des Acetaldehyds. Sie hat einen rein chemischen Entstehungsweg, und ist hier nicht mikrobiologisches Nebenprodukt aus der alkoholischen Gärung (siehe oben Oxidation).

5 Arbeiten mit Barriques

Hat man sich nun für einen Holztyp und die Art der Verarbeitung entschieden, so geht die „Qual der Wahl“ weiter. Wie das Fass vorbehandelt wird, die Art der Aufstellung, wie lange die „Dienstzeit“ sein soll oder kann, was danach geschieht – für jede dieser Fragen gibt es wieder einige Antwortmöglichkeiten.

5.1 Fassvorbehandlung

Eine gute Vorbereitung des Fasses hat bereits Einfluss auf das „Einstiegsaroma“ des Weines. Verschiedene Behandlungsvarianten stehen zur Wahl:

- Kaltwasser: Das Wässern ist Anfang und Ende jeglicher Fassbehandlung. Dieser Schritt sollte auf jeden Fall gemacht werden. Durch Anfüllen des Fasses wird zweierlei erreicht: einerseits beginnt das Holz zu quellen, die Poren öffnen sich und können dann mit dem Wein reagieren, andererseits kann man so kontrollieren, ob das Fass auch wirklich dicht ist.
- Heißwasser: Dabei werden einige Liter Heißwasser in das Fass eingefüllt und dieses dann umgeschwenkt. Dabei soll das Barrique auch auf den Kopf gestellt werden, um auch die Fassböden zu benetzen.
- Dämpfen: In diesem Fall wird so lange mit Heißdampf gearbeitet bis ca. 200 cm^3 Kondensat abgelaufen sind. Wenn man damit auch bereits wieder etwas „teuren Geschmack“ entfernt, so werden durch diese erste Auslaugung etwas weniger Röstaromen und ein etwas weicherer Charakter im Wein erzielt.
- Neutraler Wein: Das Befüllen des Fasses mit einem neutralen Wein für einige Tage ist eine weitere Möglichkeit – bringt aber höhere Kosten
- Schnaps: In manchen Ländern wird das Fass gerne mit 5–10 Litern Schnaps vorbereitet, in dem nach dem Einfüllen dieses entsprechend gerollt wird.

- Salzwasser: Die Methode, etwas 2%iges Salzwasser einzufüllen, umzuschwenken und danach auszuwässern, sei nur der Vollständigkeit halber genannt.

Gebräuchlich ist bei uns die Anwendung von Kalt- und Warmwasser oder das Ausdämpfen.

5.2 Die Aufstellung der Fässer

In welcher Weise die Fässer gelagert werden, hängt einerseits von den räumlichen Möglichkeiten und Wünschen ab – z.B. ob in dem Raum auch präsentiert werden soll – , andererseits hat die vorgesehene Lagerdauer und -art ebenso großen Einfluss. Soll der Wein öfters kontrolliert, aus dem Fass genommen, behandelt werden, muss das Fass also oft „angegriffen“ werden, oder wird nur alle drei Monate umgezogen, wie das bei gerbstoffreichen Rotweinen in manchen Ländern die Regel ist? Neben den Jahrgangseigenheiten (pH-Wert) spielt natürlich auch die Luftfeuchtigkeit des Kellers eine Rolle. Bei trockenerem Klima wird durch die höhere Verdunstung eine frühere Kontrolle bzw. das Auffüllen notwendig sein.

Wie ist das Kellerklima?

Die Quellstruktur des Fassholzes erfordert eine relativ hohe Raumfeuchtigkeit von 82–98% (relative LF). Als optimale Luftfeuchte sieht man 80–85% an.
Bei trockenen Lagerräumen und großer Fassanzahl kann der Schwund nicht nur in Großbetrieben eine wirtschaftlich schmerzhafte Dimension erreichen. Bei 1000 Barriques und 10% Verdunstung bedeutet dies im Jahr einen Verlust von 22.500 l Wein, im Vergleich zu 4.500 l bei nur 2% Schwund und optimaler Klimatisierung.

Optimale Luftfeuchte 80–85%

Ob Alkohol oder Wasser verdunstet hängt von der Relativen Luftfeuchtigkeit ab: die „magische Grenze“ liegt bei 70%. Wasser geht mit seinem kleineren Molekulargewicht (18) leichter durch die Holzporen als Alkohol (46). Je höher also die Luftfeuchtigkeit, desto geringer ist der „Wassermangel“ in der Luft, und umso mehr Alkohol verdunstet. In 1000 l Fässern geht man von einem Alkoholverlust von 2–3 g/l in der Phase von Gärende bis zu Feinklärung aus.

Wasser- oder Alkoholverlust?

Eine Lagerung der Fässer nebeneinander braucht natürlich mehr Platz als eine Stapelung, erlaubt aber ungehinderten Zugriff und ist – im richtigen Ambiente – sehr präsentabel.

Eine Stapelung mittels Metallpaletten ermöglicht eine leichtere Manipulation mit Stapler oder Handgabelhubwagen.
Es werden auch Gestelle angeboten, bei denen die Fassauflager als Rollen gestaltet sind. Dadurch kann das Fass in der 2-Uhr-Stellung gelagert, aber jederzeit gedreht und kontrolliert werden.
Eine direkte Aufsattelung der Fässer ist die wohl billigste, aber arbeitsintensivste Methode. Statische Gründe beschränken die Anzahl üblicherweise auf maximal 5 Lagen.
Auch Hochregallager sind in Großbetrieben heute üblich.

Wird der Raum nicht gut klimatisiert und durchlüftet, so wird dieser oben wärmer als unten sein. Das hat zur Folge, dass der Wein in den höher gelagerten Fässern merkbar schneller reift.

Abb. 19 Barriquelagerung ebenerdig: Leicht zugänglich und präsentabel. (Morgenhof, Südafrika)

Abb. 20
Eindrucksvolle Größe und Präsentation, gutes Kellerklima, und genügend Platz zur Erweiterung. (Tement, Steiermark)

Abb. 21
Aufgesattelt und raumsparend, aber arbeitsaufwendig. (Chateau Margaux)

Abb. 22
Klimatisierte Lagerhalle für 2500 Barriques eines großen Kellerei- und Handelsbetriebes. Hier wird Rotwein gelagert – kaum zu glauben angesichts der fleckenlosen Sauberkeit. Das „Geheimnis" ist eine Füllvorrichtung, die keinen Tropfen daneben gehen lässt. (Dourthe, Bordeaux)

Abb. 23
Metallgestelle gibt es aus Alu, Stahl und Nirosta. Sie sind mit dem Stapler gut zu handhaben, und – wie man sieht – optisch durchaus präsentabel. Kollwentz, Burgenland. (Kollwentz, Burgenland)

Abb. 24
Barriques aufgesattelt und auf Metallrahmen – wie es der Betrieb gerade erfordert.
(Prieler, Burgenland)

Abb. 25
Lagergestell mit Rollen: Jedes Fass ist individuell drehbar

Abb. 26
Fast wohnliche Verhältnisse durch Holzboden. Mit entsprechender Sorgfalt und weichen Rollen für den Stapler kein Problem. (Simi Winery, Kalifornien)

Abb. 27
Hochregallager. (Jordan, Kalifornien)

5.3 Ausrichtung und Fassverschluss

12 Uhr oder Two o´clock?

Die Entscheidung ob das Spundloch senkrecht nach oben zeigt (12 Uhr) oder das Fass schräg gelegt wird, sodass der Spund Richtung zwei Uhr zeigt, hat zwei Aspekte. Einerseits wird die Position durch die Häufigkeit der Kontrolle und der notwendigen Zugänglichkeit vorgegeben sein, andererseits ist auch die Art des Verschlusses zu bedenken.

Der Vorteil der zwei Uhr-Stellung (two o´clock) liegt darin, dass sich die durch die Verdunstung unweigerlich bildende Luftblase in dieser Position an der glatten Fassinnenwand entsteht, wo relativ wenig mikrobiologische Angriffsmöglichkeiten bestehen.
Bei der 12 Uhr-Stellung kann es zu kleinen Undichtheiten gerade bei Holzzapfen kommen, da diese in der Luftblase austrocknen. Durch den verstärkten Luftzutritt ist dann ein höheres Essigstichrisiko gegeben. Dieses Risiko kann allerdings minimiert werden, wenn Silikonstopfen verwendet werden – diese dichten völlig ab.

Fassverschluss

An Verschlussmöglichkeiten sind verfügbar:
- Holzzapfen oder Korkstopfen, die zum Teil mit einem Leinenfetzen zusätzlich abgedichtet werden aber damit auch ein höheres Risiko für flüchtige Säure darstellen können.
- Holzzapfen mit Gummibeschichtung.
- Silikonstopfen, die sich der Öffnung ideal anpassen und völlig dicht sind
- Glasstopfen: Eine traditionelle französische Verschlussart. Während der Zeit des biologischen Säureabbaues wird er mit der runden Oberseite nach unten auf den Spund aufgelegt.

5.4 Verwendungsdauer

Wie oft das Fass verwendet wird hängt einerseits vom Wein, andererseits vom gewünschten Charakter und der Betriebslinie ab. Üblicherweise wird ein Barrique dreimal verwendet, dann sind alle „wichtigen“ Inhaltsstoffe ausgelaugt. Allerdings ist es ein Trugschluss, dass diese alle im gleiche Maße schwächer werden, und man nur die Lagerdauer verlängern muss, um zum gleichen Ergebnis zu kommen, denn das Löslichkeitsverhalten der einzelnen Aromakomponenten ist unterschiedlich. Das bedeutet, dass nicht nur die Stärke, sondern auch die Art des Holzaromas von Jahr zu Jahr variiert.

Abb. 28
Silikonstopfen

Abb. 29
Holz mit Beschichtung

Abb. 30
Kork mit frischem Leinenfetzen zu Beginn der Lagerung

Abb. 31
Kork und Leinenfetzen nach längerer Lagerdauer: hygienisch?

Abb. 32
Barriques mit Glasstopfen

Die Abbildungen 33 und 34 (siehe nächste Seite) zeigen die unterschiedliche Abgabe verschiedener Inhaltsstoffe an den Wein nach der ersten (I) und zweiten (II) Befüllung. Dabei wurden 6 Monaten zuerst *Riesling,* dann *Spätburgunder* gelagert. Die *Oak-Lactone* sind für das Kokosnussaroma maßgeblich. Bei *Allier*-Holz ist im Wein der zweiten Befüllung fast nichts mehr vorhanden, während bei *Limousin* der Gehalt noch zugenommen hat.
Die *Furan*-Verbindungen in Abb. 34 entstehen im Holz erst durch das Ausbrennen und sind für Koch- und angenehme Karameltöne verantwortlich. Der *Furfurylalkohol* entsteht bei Weißwein durch enzymatische Tätigkeit der Hefe, sie reduziert das Furfural während des Ausbaus.

Wird nur neues Holz eingesetzt, so muss der Wein eine entsprechend kräftige Struktur haben, damit der Holzcharakter nicht zu sehr dominiert. Im Empfinden der Winzer „reagieren" manche Weine sehr leicht, andere überhaupt nicht auf das Holz.
Je öfter das Fass befüllt wird desto leichter kann der Wein von seiner Gerbstoffstruktur sein (mit Maßen!) bzw. geht der Trend zu kürzerer Lagerung. Die unterschiedlich schnelle Stoff-Abgabe der verschiedenen Hölzer muss hier ebenso in Betracht gezogen werden.

Ob Neu oder Alt ist also von der jeweiligen Betriebsphilosophie genauso abhängig wie von der Sorte und der jeweiligen Lage – und der eigenen Erfahrung. In Frankreich z. B. nehmen manche

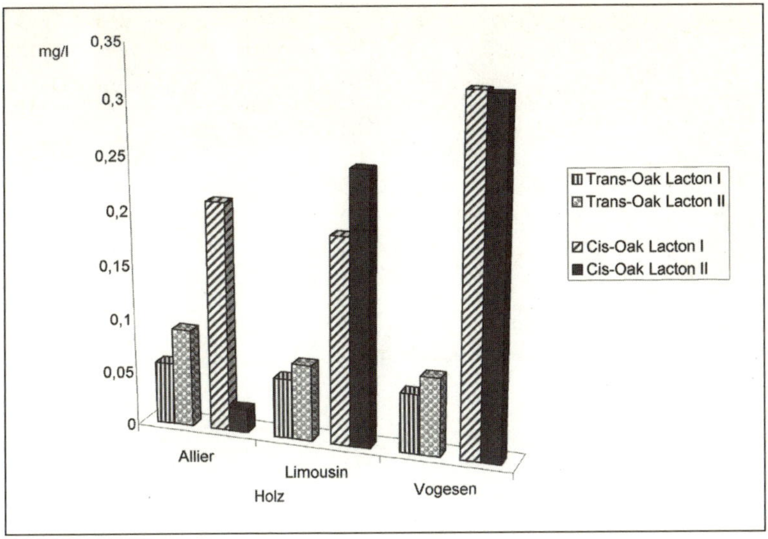

Abb. 33
Oak-Lacton in Weinen nach Erst (I)- und Zweit (II)-Befüllung

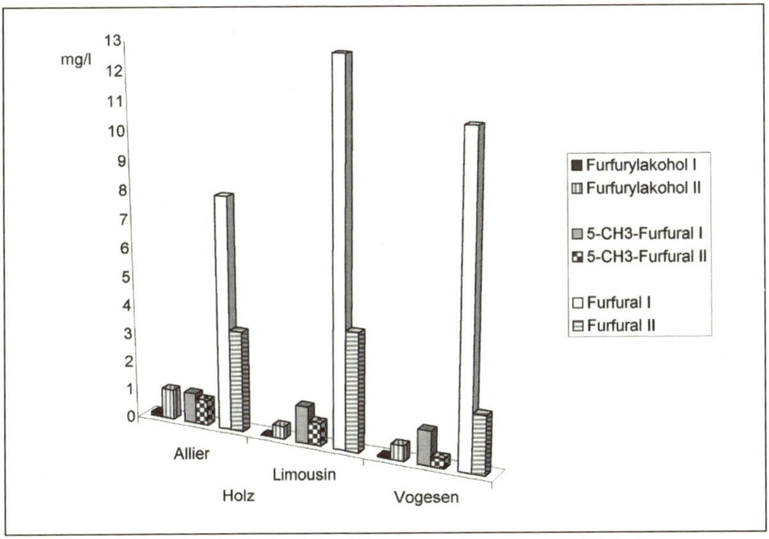

Abb. 34
Furanverbindungen nach Erst (I)- und Zweit (II)-Befüllung

Weingüter einmal gebrauchte Fässer von anderen Betrieben ab und bauen ausschließlich in Zweitbefüllung aus. Diese Verfahrensweise setzt natürlich auch eine verlässlich hohe Qualität der Fässer voraus – ebenfalls ein wunder Punkt. Kann der Lieferant die immer gleiche Holz- und Verarbeitungsqualität garantieren?

Bei der bei uns gebräuchlichen dreimaligen Belegung eines Barriques hat sich gezeigt, dass das Mischen von Erst- Zweit- und Drittbefüllung die beste Möglichkeit darstellt, um den gewünschten Charakter zu erreichen und Unterschiede auszugleichen.

5.5 Manipulation und Fassreinigung

5.5.1 Wein abziehen

Im Sinne der geringst möglichen Beunruhigung des Weines geht des Bestreben dahin, nicht durch Pumpenförderung, sondern durch Luft- oder Gasdruck die Fässer zu leeren. Dazu dient eine Abziehvorrichtung (siehe Abb. 35), bei der das Spundloch durch die Quetschdichtung dicht verschlossen wird, und danach über den kleinen Hahn das Barrique mit Druck beaufschlagt wird. Links am Rohrende sieht man die Einstellschraube für den Boden- bzw. Trubabstand.

5.5.2 Fässer auffüllen (Stiften, Toppen)

Das Vollhalten wird bei größerer Anzahl der Fässer mit einfachen arbeitserleichternden Nachfüllvorrichtungen bewerkstelligt siehe Abb. 36: Im Stahlcontainer befindet sich der Füllwein, der durch Stickstoff herausgedrückt wird. Eine Zapfpistole mit Rückschlagventil (am Container liegend zu sehen) verhindert ein Überlaufen.

5.5.3 Reinigung

Die Hygieneansprüche sind gerade beim Barrique sehr hoch. Auf eine geringe Weinmenge „drückt" eine große Holzoberfläche, prekär, wenn diese dann nicht in Ordnung ist. Bei gutem Reini-

Abb. 35
Weinabziehvorrichtung für Förderung mit Gasdruck

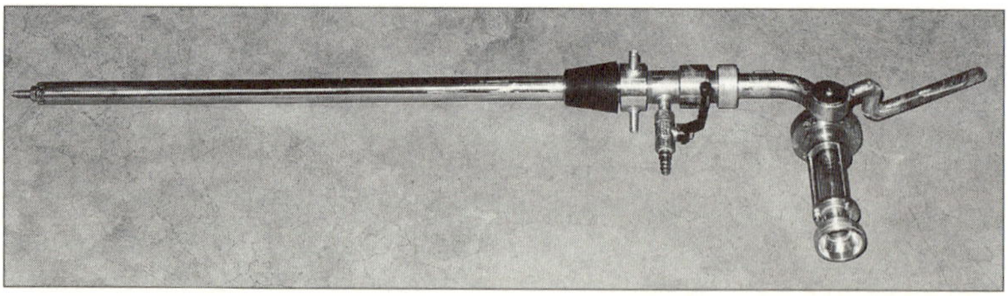

gungsstandard ist ein gebrauchtes Fass kein größeres Risiko. (siehe Abb. 37, nächste Seite) Ist das Barrique aber einmal mit Essigstich oder Pferdeschweiss „verseucht“, wird eine weitere Lagerung ruhigen Gewissens nur schwer möglich sein.

Einige Hilfsmittel zur Arbeitserleichterung bei der Reinigung stehen heute zur Verfügung. Je nach Anzahl der periodisch zu reinigenden Fässer, und den mit der Anzahl auch steigenden Ansprüchen sowohl an effiziente, schnelle und gründliche Reinigung als auch kräftesparendes Arbeiten stehen heute eine Vielzahl an Geräten zur Verfügung, siehe Abb. 38–42.

Abb. 36
Kombination für das Auffüllen

Abb. 37
Auswirkung der Lagerung (12 Monate) auf den Gehalt an flüchtigen Säuren

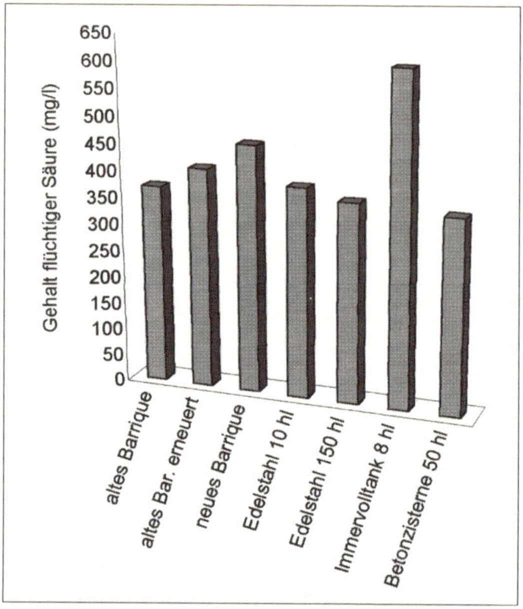

Abb. 38a
Unbeweglicher Sprühkopf am Absaugrohr

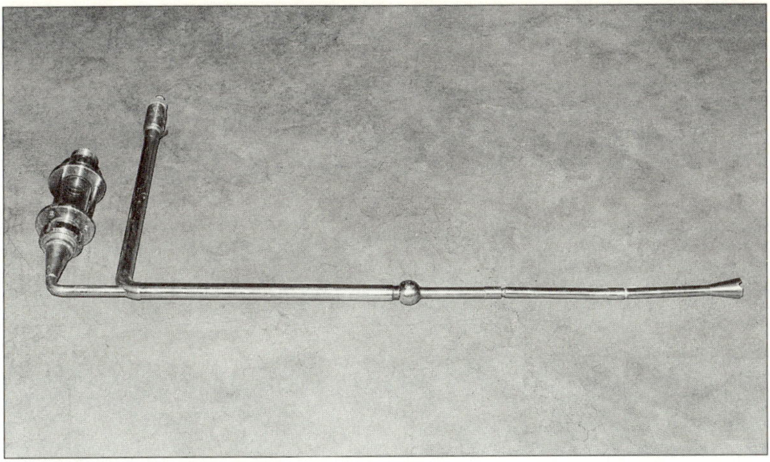

Abb. 38b
Sprühkopf,
längenverstellbar

Abb. 39
Einsteckbare Lanze mit
motorisch betriebenem Sprühkopf

Abb. 40
Motorisch betriebener Sprühkopf, die Vorrichtung wird ins Fass eingeführt, und dann mit wenig Kraftaufwand gekippt, damit der Wasserablauf gewährleistet ist

Abb. 41
Gleiches System, Manipulation mit Kran, das Barrique wird auf den schwenkbaren Sprühkopf abgesenkt

Abb. 42
Automatische Waschanlage für Großbetriebe

5.6 Was kommt danach?

Nicht nur wie oft man das Fass verwendet ist von Interesse, was macht man mit den mehrfach gebrauchten Fässern, um sie wiederverwenden zu können? Schließlich hat man einiges Geld investiert um das Weinaroma zu beeinflussen, und ein gutes „Werkzeug" will man doch möglichst lange gewinnbringend be- und ausnützen. Verschiedene Vorgangsweise stehen zur Wahl.

Reifefass

- Weitere Belegung: Je öfter man das Fass befüllt, desto weniger (und anteilig andere) Holzaromen gehen in den Wein über. Mit der Zeit übernimmt das Barrique die Funktion eines „Reifefasses", wo es durch den stärkeren Sauerstoffübergang für die „natürliche" Mikrooxidation und damit Farbstabilisierung und geschmackliche Abrundung im Wein sorgt, ohne dass noch wesentliche Holzaromen ausgelaugt werden. Eine gute Methode, sofern man mit dem höheren Arbeitsaufwand für Kontrolle und Pflege zu Rande kommt.

Aushobeln problematisch

- Nochmals Aushobeln: Die Methode das Fass auszuhobeln und neu einzubrennen hat sich als kostensparend, aber nicht günstig erwiesen, da die neu eingebrannten Geschmackstoffe nicht die gleiche Güte haben, wie die aus der erstmaligen Behandlung gewonnenen. Auch sammeln sich Essigbakterien in einer Schicht 2–3 mm von der Oberfläche an. Diese sollte also entfernt werden. Weiters können sich bei hoher Stapelung statische Probleme durch das nun schwächere Fassholz ergeben.

- Dauben erneuern: Besser bewährt hat sich das Auswechseln einiger Fassdauben gegen neues Holzmaterial und danach neuerliches Toasten.

- Aus den USA kommen auch verschiedene Verfahren, bei denen in das Holzfass eine weitere dünne Daubenschichte eingehängt oder geschraubt, sodass das Fass (und zwar mit geringerem Volumen) nochmals mit neuer Oberfläche genützt wird. In Großbetrieben ist dies auch aus statischen Gründen die bevorzugte Methode, siehe Aushobeln.

- Verkauf: Mitunter findet sich ein Winzer, der den Barriqueausbau „auch einmal probieren möchte", aber nicht so viel Geld riskieren will. Mit einem ausgelaugten Fass wird es wohl auch bei dem einen Mal bleiben … oder sollte man als verantwortungsbewusster Kollege nicht doch darauf hinweisen?

- Die finale Verwendung: Für Kosttische und Blumenkübel findet sich nicht nur im eigenen Betrieb das Ausgedinge, sofern das Fass auch optisch gut erhalten ist (siehe Abb. 43).

Abb. 43
Finale

5.7 Alternativen: Chips & Co

Der Gedanke, einerseits die teuren Fässer länger auszunützen, andererseits die kostenaufwendige Barrique-Aromaverleihung günstiger zu gestalten, existiert schon lange. Immerhin müssen für die Fässer ca. € 365,– bis € 510,– (ATS 5.000,– bis 7.000,–) ausgegeben werden, und deren Einsatzmöglichkeit ist üblicherweise auf dreimalige Verwendung beschränkt. Und so wurden Methoden entwickelt, um das gebrauchte Fass wieder zu verwerten, oder den Holzgeschmack überhaupt auf andere Weise in den Wein hineinzubekommen. In Übersee gibt es heute eine ganze Reihe von – dort zugelassenen – Möglichkeiten, behandeltes Holz dem Wein zuzugeben, sei es im gebrauchten Barrique oder auch im Stahltank. Der Wein wird sozusagen nicht „im Holz", sondern „auf dem Holz" gelagert. In Europa sind diese Verfahren derzeit (noch?) nicht zugelassen.

An Möglichkeiten gibt es:
- Eichenholzschnitzel, „Chips", die in verschiedenen Größen eingesetzt werden
- Staves: Holzstäbe, die in den Stahltank in verschiedenster Weise eingebaut werden
- Staves bzw. Chips, die ins Barrique eingebracht werden, um dieses weiter verwenden zu können
- Stark zerkleinerte Holzspäne, die auch pumpbar sind und daher für die Vergärung mit der Maische dienen können.

Je nach „Anforderungsprofil" des Weines wird dieser auch schon mit Chips vergoren, nicht nur damit gelagert.

Betriebswirtschaftlich ist der Unterschied natürlich bestechend. Ein solcher Kostenvergleich für Chips und Barriquelagerung wurde z. B. an der HBLABA Klosterneuburg ermittelt:

	Chips	Barrique
Weißwein	€ 0,1410 (ATS 1,940)	€ 0,8064 (ATS 11,097)
Rotwein	€ 0,31975 (ATS 4,37)	€ 1,020 (ATS 14,04)

Diese Kalkulation bezieht alle Variablen und fixen Kosten eines Kleinbetriebes mit ein. Bei anderer Betriebsgröße sind natürlich günstigere Verhältnisse möglich.

Diese kostenmäßige „Verlockung“ ist jedoch mit etwas Vorsicht zu betrachten, aus zweierlei Gründen:

1. Die gesetzlichen Regelungen erlauben den Einsatz dieser Methoden derzeit (noch) nicht. Die weitere Entwicklung ist abzuwarten.
2. Es ist ein Irrtum zu glauben, dass durch diese Verfahren ohne weiteres idente Weine im Vergleich mit Barriquelagerung erzielt werden können. Abhängig von der Holzstab- bzw. Chips-

Abb. 44 und 45
Unterschiedlicher Stoffübergang diverser Aromakomponenten

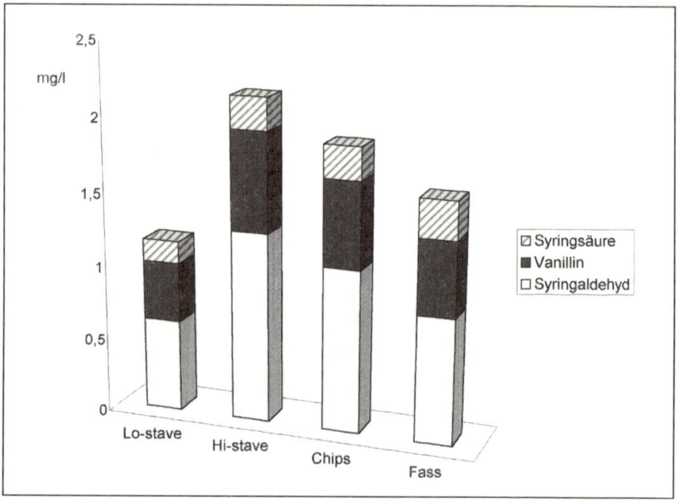

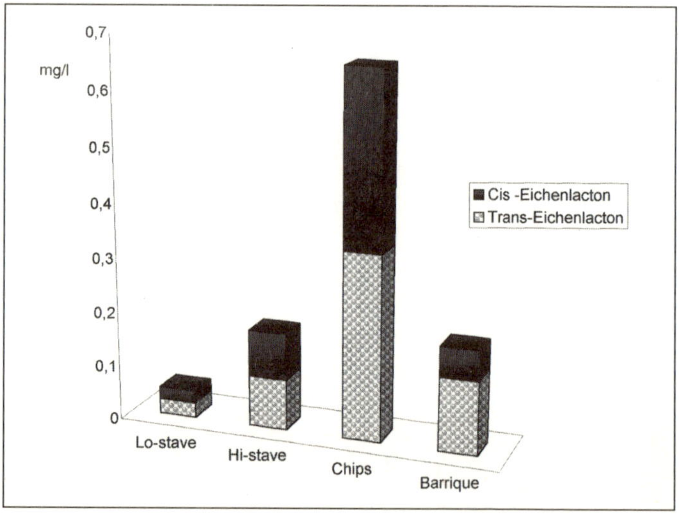

größe und der Toastungsart ist das Auslaugeverhalten unterschiedlich. So steigen die Gehalte an Vanillin, Syringaldehyd wie auch z. B. Zitronensäure und cis- und trans- Eichenlacton deutlich an.

3. Für die „perfekte“ Reaktion der Holzinhaltsstoffe mit den Farb- und Gerbstoffen, vor allem bei Rotwein, ist eine geringe Menge an Sauerstoff nötig, die über längere Zeit auf den Wein einwirkt. Bei der Barriquelagerung erfolgt diese Dosierung durch die natürliche Diffusion in bester Weise.
   Beim Einsatz von z.B. Chips im Stahltank fehlt dieser Sauerstoffzutritt. Geräte für die sogenannte Mikrooxidation, die den erforderlichen Sauerstoff zugeben, werden heute angeboten. Sie erfordern aber neben dem Kostenaufwand auch entsprechendes Know-How, um dem Wein letztendlich nicht mehr zu schaden als zu nützen.

Die mehrjährigen Versuche an der HBLABA Klosterneuburg erbrachten mit österreichischen Weinsorten interessante, aber auch desillusionierende Ergebnisse. Im Vergleich mit anderen Methoden erwiesen sich in vielen Fällen die Chips- Varianten als die am wenigsten eleganten.
Auch in Übersee bleibt man am Boden: die Topqualitäten werden nach wie vor im Barrique gelagert.

Abb. 46
Innerstave-Verfahren mit zusätzlichen Holzbrettern

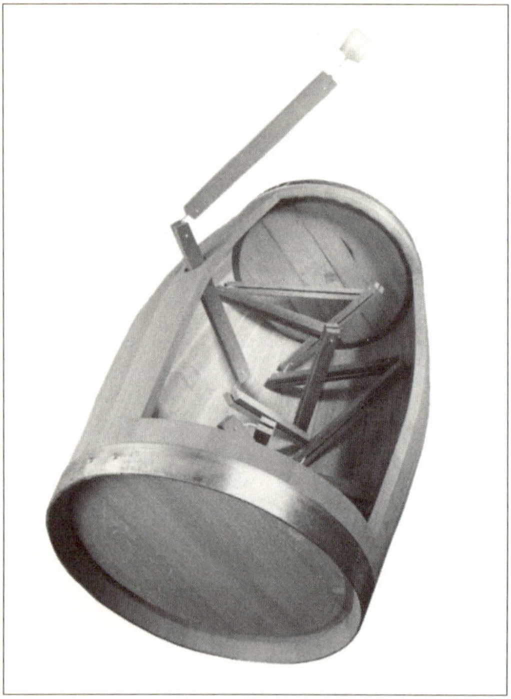

Abb. 47
(links oben)
Faltbare Stave-Anordnung für das Barrique-Recycling

Abb. 48
(rechts oben)
Holzwürfel für den Stahltank

Abb. 49
Verschiedene Toastungsarten und Größen im internationalen Angebot

Önologisches Tannin

Doch wozu umständlich mit Chips hantieren, wenn es Tannin gibt? So salopp könnte man die Frage stellen, wenn man an dieses Behandlungsmittel denkt – doch so einfach ist die Sache nicht.
In der EU-Verordnung 1493/99 ist Tannin als Schönungsmittel zur Klärung zugelassen. Es weist eine negative Oberflächenladung auf, und wurde ursprünglich als Reaktionspartner für die Flockenbildung mit Gelatine verwendet. Heute hat Kieselsol als Behandlungsmittel diesen Platz fast völlig eingenommen. Dennoch werden derzeit verstärkt Tanninpräparate angeboten, die aus verschiedenen ausgewählten Hölzern hergestellt wurden, und bestimmte Gerbstoffe (z.B. Ellagtannin) bzw. deutliche Holzaromen aufweisen. Das Verwendungsziel ist aber nicht (mehr) die Weinklärung, sondern das Erreichen anderer Effekte:
Einerseits kann bei der Rotweinbereitung damit gerade bei gerbstoffärmeren Sorten das Tannin : Anthocyanverhältnis schon bei der Maischegärung optimiert werden. Dies kommt der frühzeitig beginnenden Farbstabilisierung zugute.
Andererseits soll im Jung- bzw. füllfertigen Wein damit die (Holz-) Aromatik beeinflusst werden. Dafür wird teilweise sogar künstlich aromatisiertes Tannin (im Ausland) angeboten. Wie auch beim Einsatz von Chips soll man sich so die aufwendige Barriquelagerung ersparen.

Dass beim Einsatz dieser Präparate entsprechendes Wissen und großes Fingerspitzengefühl notwendig sind, um z.B. Überdosierung und damit geschmackliche und farbliche Fehlentwicklung des Weines zu vermeiden, konnte auch in unseren Versuchen in Klosterneuburg festgestellt werden. Ebenso gilt die gleiche Problematik des nicht vorhandenen Lufteinflusses wie bei der Anwendung von Eichenchips.
Weiters hat dieses Verwendungsgebiet des Tannins zur Aromaverleihung eine rechtliche Dimension, schließlich stellt sie einen weiteren Schritt in Richtung „aromatisierter Wein" dar. Wo liegt hier die zulässige Grenze? Über die rechtliche Unbedenklichkeit und Konsequenzen wird heute in den Fachgremien diskutiert.

5.8 Was macht man mit Fässern, die nicht in Gebrauch stehen?

Dass das Fass am besten immer mit Wein gefüllt sein soll, ist überall die einhellige Meinung. Aber was macht man, wenn man keinen Wein zur Verfügung hat? Eine Nasskonservierung ist aus

Gründen der damit stärkeren Holzbeanspruchung bzw. Auslaugung nicht günstig. Ein Schwefeleinbrand wird daher die logische Konsequenz sein. Die Arbeitsweise ist dieselbe wie bei der Fasskonservierung bei großen Fässern. Auf die Vermeidung des Abtropfens von Schwefel ist aber besonders zu achten – „die" Böcksergrundlage! (Abb. 50). Manche Betriebe lassen die Fässer gänzlich ohne Konservierung mit offenem Spund stehen, was bedenklich erscheint, da so dem Schimmelwachstum gerade in feuchten Kellern Vorschub geleistet wird (Abb. 51). In anderen Kellereien wird die Methode gepflegt, einen Fasseinbrand vorzunehmen und dann den Spund nur mit einem lose aufgesetzten Papierbecher zu versehen. Die zwei besten Möglichkeiten werden aber Vollhalten mit Wein und Trockenkonservierung sein. (Abb. 52).

Abb. 50
Abgetropfter Schwefel von unrichtig ausgeführtem Einschlag. Die „ideale" Böcksergrundlage!

Abb. 51
Bei der Lagerung des leerstehenden Fasses im feuchten Keller ohne Konservierung muss man mit solchen Schimmelkulturen rechnen.

Abb. 52
Brandspuren durch Fasseinbrand mit Schwefelschnitten. Sicher kein „zusätzliches Toasting".

6 Der Weinausbau

Viele Arten des Barriqueausbaus sind heute möglich. Ein allgemein gültiges „Rezept" kann es nicht geben – zu verschieden sind die Ansprüche und die Wünsche an das Endprodukt, genauso wie die Ausgangssituation bei jedem Winzer „einzigartig" ist. Und jeder hat mit seiner Methode recht, sofern das Ergebnis sensorisch und auch wirtschaftlich befriedigend ausfällt. Wie unterschiedlich der Arbeitsstil auch immer ist – die Grundvoraussetzungen sind für alle Verfahren gleich.

6.1 Voraussetzungen: Welcher Most bzw. Wein ist geeignet?

Der fertige Wein soll durch entsprechende Kraft und passendes Aroma mit dem Einfluss des Holzes eine harmonische Verbindung eingehen, die Charaktere sollen einander ergänzen.

Sortenwahl

Die Sortenwahl ist daher die erste Überlegung für den Winzer. Gut geeignet sind alle kräftigen aromatischen Sorten, die nicht zu fruchtig sind. Sowohl bei Rot- als auch bei Weißwein haben sich die Burgundersorten als sehr gut geeignet erwiesen. Auch *Cabernet Sauvignon* hat eine Aroma-Struktur, die sich mit dem Holz sehr gut verträgt. Und schließlich können alle Cuvées mit dem Holz fein abgestimmt werden. *Rheinriesling* wird mit seiner Duftigkeit nicht unbedingt geeignet sein, auch alle primärfruchtigen Sorten wie z. B. Muskateller. *Grüner Veltliner* wird bei Barriquelagerung sicher ein „Extremwein" werden.

Gesundes, reifes Lesegut

Ein hochwertiges Lesegut ist Voraussetzung für einen entsprechend kräftigen Wein. Von der Gradation sollte es mindestens 20 bis 21° KMW (99–105° Oe) aufgewiesen haben, außerdem ist eine gute Traubengesundheit Voraussetzung. Das Schlagwort „Qualität wächst im Weingarten" unterstreicht die Wichtigkeit der entsprechenden qualitätsfördernden Maßnahmen im Weingarten.

Hoher Extrakt

Ein entsprechender Extraktgehalt ist wichtig, der fertige Wein soll körperreich sein. Die guten Barriqueweine weisen einen zuckerfreien Extrakt von mindestens 25 g/l aus, liegt er darunter, so kann es sensorisch bereits Probleme geben, der Wein wird dann als zu schlank oder zu dünn empfunden. Bei der Rotweinvinifizierung kann der Extrakt durch eine entsprechend längere Maischestandzeit gefördert werden. Durch die Barriquelagerung ist ein Extraktgewinn von 0,5 bis 1 g/l möglich, einen Ausgleich für einen zu schwachen Wein kann dies logischerweise nicht bedeuten.

13% vol Alkohol

Der Alkoholgehalt sollte nicht wesentlich unter 13% vol liegen. Einerseits ist Alkohol Aromaträger und bringt eine entsprechende Fülle in den Wein, andererseits ist er als mikrobiologischer Schutz unerlässlich. Durch die Lagerung im kleinen Fass geht durch die Verdunstung ab 70% rel. Luftfeuchte ohnehin Alkohol verloren. Somit sollte von Haus aus bereits ein entsprechender Prozentsatz vorhanden sein.

Moderate Säure

Der Säuregehalt soll nicht zu hoch, und gut abgepuffert sein. Dafür ist eine entsprechend gute Reife Voraussetzung, Probleme kann es bei großer Trockenheit geben. In feuchten Jahren ist eine sehr gute Pufferung der im Wein vorhandenen Säuren festzustellen. Auch sollte der Wein säureabbaufähig sein, sofern man einen BSA vorhat. Je höher der Gehalt an (unreif wirkender) Äpfelsäure ist, desto mehr Nebenprodukte entstehen, die dann auch längere Zeit zum Abbau brauchen – sofern dies überhaupt in zufriedenstellender Weise möglich ist.

Rotwein: Farbe, Tannin

Bei Rotwein ist zusätzlich noch eine entsprechend hohe Farbdichte und ein ausreichend hoher Gerbstoffgehalt gefordert, um im Zuge der Barriquelagerung unerwünschte Ausfällungen und Farbverluste zu vermeiden. Durch entsprechende Vergärung kann man diese Anforderungen berücksichtigen.

6.2 Der Weißweinausbau

Der Winzer muß vorerst entscheiden, ob er einen Wein mit deutlichem Sortencharakter haben will, dessen Frucht durch das Barrique unterstützt, aber auch verändert wird, oder ob er einen Weinausbau im internationalen Stil – mit deutlicher Holznote und biologischem Säureabbau anstrebt.

Dementsprechend gibt es im Ablauf verschiedene Varianten bzw. Fragen, die vorher geklärt werden müssen:
- Vergärung: Wo findet sie statt?
- Biologischer Säureabbau: Ist er erwünscht?
  Wo wird er durchgeführt?
- Lagerung: Auf der Hefe oder blank filtriert?

Abb. 53
Fahrplan Weißwein

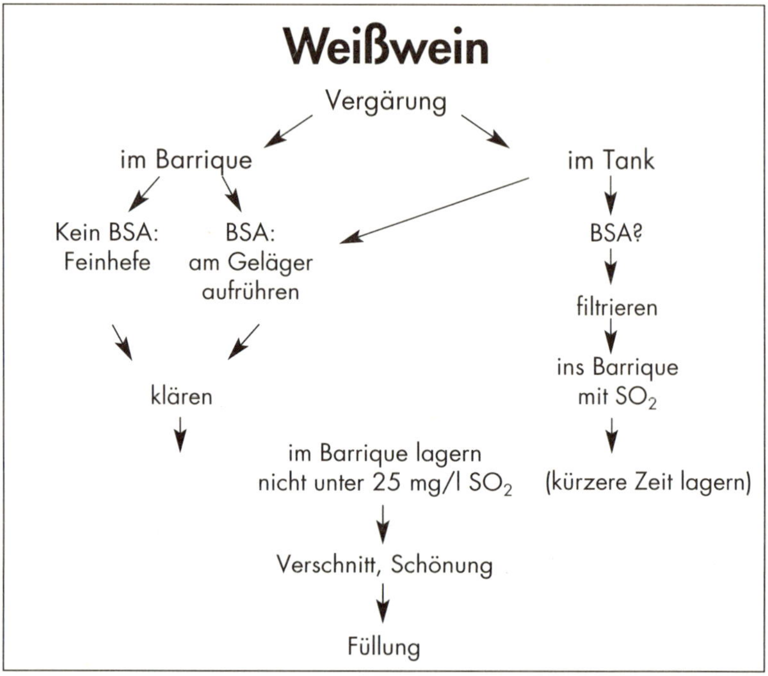

6.2.1 Die Vergärung im großen Behälter

Sie bedeutet weniger Arbeitsaufwand und bessere Kontrollmöglichkeit der Fermentation. Bei Tanks mit Kühleinrichtungen ist die gezielte Aromabeeinflussung durch die Gärführung möglich. Nach dem Durchgären stehen einerseits noch immer alle Möglichkeiten offen – Säureabbau, Lagerung auf der Hefe. Andererseits kann der Jungwein auch gleich blank filtriert und dann erst ins Barrique eingelagert werden. Da zu dieser Zeit eine höhere Sauerstoffsättigung vorliegt, ist allerdings ein Oxidationsschutz durch eine deutliche Schwefelung gerade zu Beginn nötig. Empfehlenswert sind 50–60 mg/l.

Oxidationsschutz

Diese Verfahrensweise bietet einerseits arbeitswirtschaftliche Vorteile, auch in problematischen Jahren mit z.B. hohen pH-Werten ist die bessere Kontrollierbarkeit und Minimierung der (mikrobiologischen) Risiken gegeben. Andererseits „versäumt“ man einige Reaktionen, die bei der Vergärung im kleinen Holzfass ablaufen. Das kann dazu führen, dass das Holzaroma aufgesetzt wirkt, und auch einen mehr bitteren, weniger weichen Charakter aufweist.

6.2.2 Vergärung im Barrique

Dafür spricht die schonendere Gerbstoffabgabe aus dem Fass. Verschiedene Holzinhaltstoffe werden durch die Hefe verändert bzw. von ihr aufgenommen. Enzymatische Wirkungen spielen hier genau so eine Rolle wie abgegebene Stickstoff- und Aromakomponenten. Weiters erfolgt eine Art Hefeschönung. Es kommt zu Eiweiss-Gerbstoffreaktionen, wobei größere Mengen an Tannin ausgefällt werden. Dies bedeutet eine Abnahme der Adstringenz, der Wein wirkt auch vollmundiger, komplexer und vielschichtiger. Durch diese Art der Vergärung kommt es auch zu einer Zunahme des Extraktgehaltes bis zu 1,5 g/l.

Gärprobleme durch Holz?

Probleme bei dieser Gärmethode kann es geben, wenn durch die Gerbstoffe des Fasses eine Gärhemmung oder zumindest eine Verzögerung eintritt. Wilde Hefen (z.B. *Kloeckera apiculata)* können ab einer Menge von ca. 2000 mg/l Gerbstoff beeinträchtigt werden, *Saccharomyces cerevisiae* (die „richtige" Weinhefe) ab 4000 mg/l. Dies sind zwar Werte, die im Weißwein nicht zu finden sind, doch kann bei schlechtem Hefezustand bei einer Spontangärung dieser Umstand gerade eine weitere und damit wirksame Beeinträchtigung darstellen. Eine absolute Gärhemmung wird allerdings selten zu beobachten sein – wie gäbe es sonst einen maischevergorenen Rotwein? Nicht nur aus diesem Grund ist es empfehlenswert, mit Reinzuchthefe zu arbeiten. Durch deren Zugabe wird für eine ausreichende Keimzahl gesorgt, um die Vergärung auch erfolgreich zu Ende zu bringen. Ein verbleibender Zuckerrest stellt gerade bei der weiteren Barriquelagerung ein erhöhtes mikrobiologisches Risiko dar.

Eine ausreichende Stickstoffversorgung im Most ist vonnöten, da während der Hefe-Vermehrungsphase große Mengen benötigt werden.

Das Hefewachstum hängt von der Verfügbarkeit der Nährstoffe ab. Als Minimum für eine vollständige Vergärung werden Mengen zwischen 120 bis 150 mg/l an assimilierbarem Stickstoff angenommen. Von allen Stickstoffquellen präsentieren die Aminosäuren den Hauptbeitrag. Deren Zusammensetzung ist sortenabhängig. Das stark benötigte Arginin ist z. B in *Cabernet Sauvignon* und *Cabernet franc* wesentlich schwächer vertreten als in *Pinot Noir.*

Bei letzterem sind auch daher weniger Gärstörungen festzustellen. Die Zugabe von Nährsalzen (Diammoniumphosphat, Thiamin) kann die Hefe unterstützen und in z.B. Trockenjahren Sinn machen. Mangelmoste aus gestreßten Rebanlagen sollten bei einem Barriqueausbau aber ohnehin nichts verloren haben.

UTA Die heute vermehrt festgestellte Untypische Alterungsnote bei Weinen hat ihre Ursache in solchen unterversorgten Mosten. Sie sind völlig ungeeignet für diese Art der Vinifizierung.

Ausbau auf der Hefe

Der Ausbau auf der Hefe *(Sur lie)* hat mehrere Effekte:

- Ausnützen der reduktiven Kraft der Hefe und damit weniger SO_2-Einsatz. Abb. 54 zeigt die unterschiedliche Sauerstoffabbindegeschwindigkeit bei Einlagerung mit und ohne Hefe.
- Aromabeeinflussung durch zusätzliche Reaktionen zwischen Gerbstoffen und den Hefezellen, was auch einen Anstieg des Stickstoffgehaltes zur Folge hat.
- Teilweise Auflösung der Hefezellen (Autolyse) ab Gärende, was die Freisetzung von Aminosäuren und Mannoproteinen zur Folge haben kann. Daraus resultieren eine gute Versorgung für Säureabbaubakterien und mehr *„Mouthfeel"* – ein dichterer Geschmackseindruck.

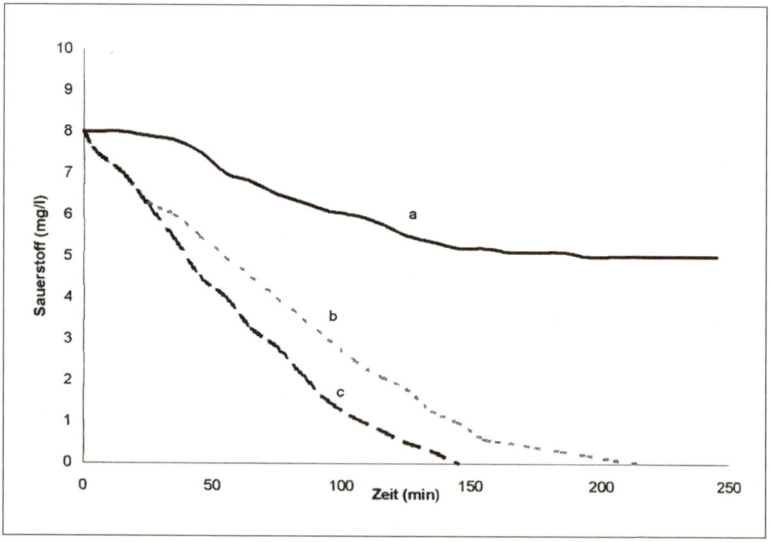

Abb. 54
Sauerstoffabbindegeschwindigkeit der Hefe.
a: Wein im Stahltank vergoren, filtriert
b: Im Stahltank vergoren, mit Feinhefe eingelagert
c: Im Barrique vergoren, mit vollem Geläger
(nach Pfeifer)

Die Grundbedingung, um den Wein auf der Hefe weiter auszubauen ist ein einwandfreies, gesundes Geläger. Ist dies nicht der Fall, so sollte man kein Risiko eingehen und den Wein möglichst bald klären!

gesundes Geläger!

Eine heute gebräuchliche Methode ist ein Abzug in der ausklingenden Gärung und damit die Abtrennung der gröbsten Trub- und Schmutzanteile sowie der schon abgestorbenen Zellen. Danach ist nur mehr die aktive, saubere Feinhefe vorhanden. Ein Temperaturschock muss aber vermieden werden, um keinen unerwünschten Gärstopp herbeizuführen.

Feinhefe

Das Aufrühren der Hefe *(Batonage)* hält einerseits die Hefe in Schwebe und sorgt für einen reduktiven Zustand, andererseits ist die Häufigkeit auch für die geschmackliche Hefenote, die „Cremigkeit", verantwortlich. Die Hefeautolyse wird eben durch das Rühren unterstützt bzw. ausgenützt.

Aufrühren?

Da zu Beginn der Lagerung die Reduktionskraft für den Sauerstoffabbau stärker benötigt wird, kann man anfänglich von einem zwei- bis dreimaligen Aufrühren pro Woche ausgehen, das später sukzessive auf zweimal pro Monat reduziert werden kann.

Wie oft?

6.3 Der Rotweinausbau

Üblicherweise geht man von einer Maischegärung im Tank mit dem nachfolgenden Abzug ins Barrique aus.

Die Beantwortung der Frage, ob BSA im Tank oder im Fass stattfinden soll, hat die gleichen Parameter wie bei Weißwein zur Grundlage. Schnellere Einbindung bzw. Abbau der Aromen (z. B. Diacetyl) stehen dem größeren Arbeitsaufwand gegenüber.

Beim Umziehen verringert eine gute Vorklärung die Böcksergefahr.

Ein langsam ablaufender Säureabbau verlängert die Zeit, in der nicht geschwefelt werden muss und die Farbstabilisierungsreaktionen gut ablaufen können.

Wird bereits blank filtriert ins Barrique eingelagert, so steht analog wie bei Weißwein eine höhere Sauerstoffsättigung für Reaktionen zur Verfügung. Solange diese für die Polymerisierungsreaktionen wirken, sollte nicht geschwefelt werden. Dazu ist natürlich auch permanente Kontrolle nötig.

Abb. 55
Fahrplan Rotwein

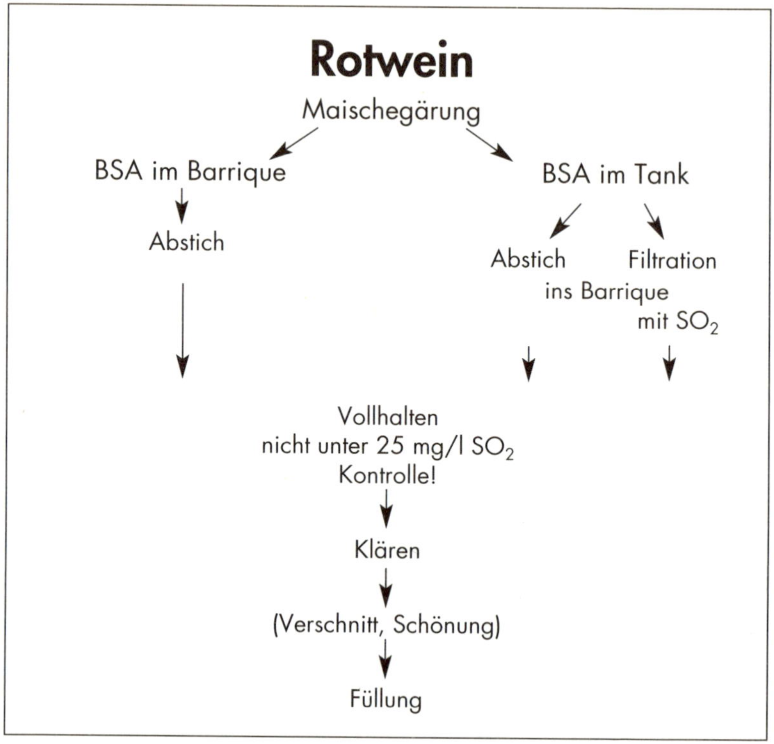

Ein SO_2-Gehalt über 25 mg/l ist in weiterer Folge zur Vermeidung des Pferdeschweißaromas notwendig.

Pferdeschweiß

Unter diesem Fehlton versteht man ein süßlich-scharfes, an Pferdeschweiß erinnerndes Aroma, das auch gelegentlich mit einem Mäuseln verbunden sein kann. Die Ursache ist ein erhöhter Gehalt an bestimmten flüchtigen Phenolen, den Ethylphenolen. Diese können in niedrigen Konzentrationen durchaus positive Wirkungen auf die sensorischen Eigenschaften haben, sie werden dann angenehm als „Rauch", „Leder" oder „Gewürznelken" empfunden.

Grenzwert

Als charakteristische Leitsubstanzen wurden das 4-Ethylphenol und 4-Ethyguajakol identifizert, die üblicherweise in Mengen von 0,001mg bis 6 mg/l bzw. 1,5 mg/l im Wein vorhanden sind. Übersteigt der Gesamtgehalt der beiden jedoch 0,425 mg/l, bzw. wenn mehr als 0,07 mg/l 4-Ethylguajakol vorhanden ist, schlägt das Aroma in die unerwünschte stechend – animalische Richtung um.

Gebildet werden die Ethylphenole durch Hefen der Gattung *Brettanomyces (Dekkera)*, die dann die im Wein vorhandenen Gerbsäuren (Hydroxyzimtsäuren) enzymatisch umwandeln können. Vorwiegend geschieht dies während des Biologischen Säureabbaus, der Fehlton tritt auch vorwiegend bei Weinen mit BSA auf. Die Hefe ist langsam gärend, verträgt Alkohol bis 15%vol und kann auch Cellubiose vergären, die besonders in neuen Barriques noch deutlich vorhanden ist und somit die Vermehrung ebenfalls begünstigt.

Ursache Brettanomyces

Eine Infektion mit diesen Hefen ist bei der Traubenverarbeitung bei wärmerer Umgebung und ungenügender Reinigung möglich, aber auch mehrfach gebrauchte Barriques stellen eine Gefahrenquelle dar. In den Holzporen bzw. unter Ablagerungen können die Hefen leicht Quartier finden und sind nur schwer zu entfernen. Aber auch neue Fässer können die Hefen fördern. Ebenso kann durch den Verschnitt mit einem bereits kranken Wein (Zukauf?) eine größere Menge ungewollt infiziert werden. Da die Hefen üblicherweise durch 40 mg/l freies SO_2 bereits gehemmt werden, stellt das Fehlen desselben ein erhöhtes Risiko dar. Dazu gehört sowohl die Fasslagerung als auch z. B. die *Maceration carbonique*. Siehe Tab 10.

Woher kommt die Infektion?

Tab 10
Einfluss des SO_2-Gehaltes auf die Entwicklung von Brettanomyces-Hefen und die Erhöhung von Ethylphenol

SO_2 frei zugeg.	gemessene Parameter	Monat 0 Juli	Monat 3 Sept.	Monat 4,5 Nov.
35 mg/l	SO_2 frei (mg/l)	35	20	15
	Brettanomyces (Zellen/ml)	1	0	0
	Ethylphenol rel. Erh. in %	0	0	0
30 mg/l	SO_2 frei (mg/l)	30	19	10
	Brettanomyces (Zellen/ml)	1	0	1
	Ethylphenol rel. Erh. in %	0	0	0
25 mg/l	SO_2 frei (mg/l)	23	16	11
	Brettanomyces (Zellen/ml)	2	0	0
	Ethylphenol rel. Erh. in %	0	0	0
15 mg/l	SO_2 frei (mg/l)	13	10	6
	Brettanomyces (Zellen/ml)	6	510	1200
	Ethylphenol rel. Erh. in %	0	4	120

Verhinderung Um Pferdeschweiß zu vermeiden, muss also die Infektions- und Entwicklungsmöglichkeit der Hefen minimiert werden. Dazu gehören mehrere Maßnahmen:

- Gute Kellerhygiene bei der Traubenverarbeitung
- Maischeschwefelung (40 mg/l)
- Ausreichender SO_2-Spiegel während der Lagerung (über 25 mg/l, besser 40 mg/l)
- Bei gebrauchten Barriques gewissenhafte Reinigung und Kontrolle
- Vollhalten der Fässer
- Sterilfüllung

Behebung Beim Entdecken der negativen Veränderung des Weines soll dieser sofort abgezogen, steril filtriert und geschwefelt werden. Ist der Pferdeschweißton nur gering ausgeprägt, so kann er sich (hoffentlich) in die geschmacksunwirksamen Ethoxyethylphenole umlagern. Ansonsten bleibt der Verschnitt (nach der Filtration). Zusätzliche Schönungen bei stärkeren Fehlern bringen meist nur geringfügige Besserung.

Die beste Lösung ist noch immer durch gute Kellerhygiene und maßvolle, aber ausreichende Schwefelung dafür zu sorgen, dass dieser Fehlton bei Rotweinen gar nicht erst entsteht, zumal er später nur schwer behebbar ist.

7 Der Biologische Säureabbau (BSA)

Während der BSA bei Rotwein heute den Status einer Standardmethode erreicht hat, wird bei Weißwein der Einsatz unterschiedlich gehandhabt, wenn sich auch beim Barriqueausbau ebenfalls manche Verfahrensweisen eingebürgert haben. Wird im Barrique vergoren und auf der Hefe ausgebaut, so wird der BSA üblicherweise erwartet. Umgekehrt bedeutet dies erforderliche große Aufmerksamkeit und Kontrolle im Keller, wenn er nicht „passieren" soll. Umso mehr, als die Weine ja mitunter deutlich länger gelagert werden.

Durch diesen Vorgang kann die sauer schmeckende Äpfelsäure zu runder wirkenden Milchsäure und Kohlendioxid abgebaut werden. Dieser Vorgang wird auch biologischer oder bakterieller Säureabbau (BSA), malolaktische Fermentation (MLF) oder zweite Gärung genannt. Neben der Säureverminderung wird auch das Weinaroma beeinflusst, was als positiv oder negativ empfunden werden kann.

Vorteile des BSA

- Verminderung der (unreifer schmeckenden) Äpfelsäure
- mehr Fülle durch die gebildete Milchsäure
- geringerer SO_2-Bedarf (um 10–15 mg/l), da Gärnebenprodukte verringert werden
- mikrobiologische Stabilität

Nachteile des BSA

- bei dünnen, unreifen Weinen mit hohem Äpfelsäureanteil entstehen sehr viele Umsetzungsprodukte, die sich sensorisch ungünstig auswirken (z.B. Sauerkrautton). Weine dieser Art haben aber bei Barriquelagerung ohnehin nichts „zu suchen"
- bei farbschwachen Rotweinen ist spürbarer Farbverlust festzustellen

- Risiko unerwünschter Bakterientätigkeit, bei mangelnder Kontrolle kann es dadurch zu geschmacklicher Beeinträchtigung kommen

Kellerhygiene Werden im Keller sowohl Weiß- als auch Rotweine ausgebaut, so ist einwandfreie Kellerhygiene die Voraussetzung, um nicht durch Verschleppung (Schläuche!) die Bakterien in allen Gebinden zu haben und damit auch manchen unerwünschten Säureabbau zu bekommen! Gerade in Holzfässern heißt es „einmal BSA, immer BSA".

Der Zeitpunkt des BSA

Üblicherweise wird bei Bakterienzugabe diese in die abklingende Gärung durchgeführt. Ein Zusatz gleich zu Beginn der Gärung bzw. in die gärende Maische sollte vermieden werden. Es bringt weder zeitliche noch geschmackliche Vorteile, sondern erhöht das Risiko von Fehltönen. Liegt nämlich hoher Zuckerrest (z. B. auch bei Gärstockung) vor, so verwerten die Bakterien auch diesen und erzeugen unerwünschte Nebenprodukte (Diacetyl, Essigsäure!). Sicherer ist eine Zugabe erst ab ca. 20 g/l Restzucker.

Voraussetzungen

Zur Einleitung eines BSA müssen günstige Voraussetzungen geschaffen werden

- pH-Wert über 3,1; eventuell mit leichter Kalkentsäuerung anheben.
- Weintemperatur mind. 18°C.
- Kein freies SO_2, maximal 50 mg/l gebundenes SO_2, je weniger desto besser.
- Zuckerrest unter 20 g.
- Erhalten eines Trübungsgrades bzw. Abzug und Belassen des Weines auf der Feinhefe.
- Auswahl einer geeigneten Reinzuchthefe. Sie soll mehrere Ansprüche erfüllen: Geringe SO2-Bildung, um die Bakterien nicht zu beeinträchtigen.
- „Genügsamkeit", um nicht alle Nährstoffe aus dem im Wein zu entfernen (siehe Abb. 53). Gute Autolyseneigung, damit nach dem Gärende noch weitere Nährstoffe für die Bakterien freigesetzt werden.

pH-Wert und Temperatur sind die wichtigsten Parameter, die eingehalten werden müssen, da die Bakterien im Wein im Bereich

ihres „Existenzminimums“ arbeiten. Die optimale Vermehrungstemperatur liegt bei ca. 30°C, der pH bei ca. 4,5.
Unter pH 3,0 findet so gut wie keine Vermehrung von *Önococcus oeni* mehr statt, über pH 3,4 können sich auch unerwünschte Pediokokken vermehren.
Geläger bzw. Feinhefe bringt Nährstoffe (Aminosäuren), die aus den Hefezellen freigesetzt und von den Bakterien benötigt werden.
Zum Temperieren wird beim Barriqueausbau üblicherweise ein passender Raum gewählt, wird der BSA im Tank vorgenommen, so ist die Erwärmung der Behälterwand oder des Tankbodens (Wasserbad) günstig.

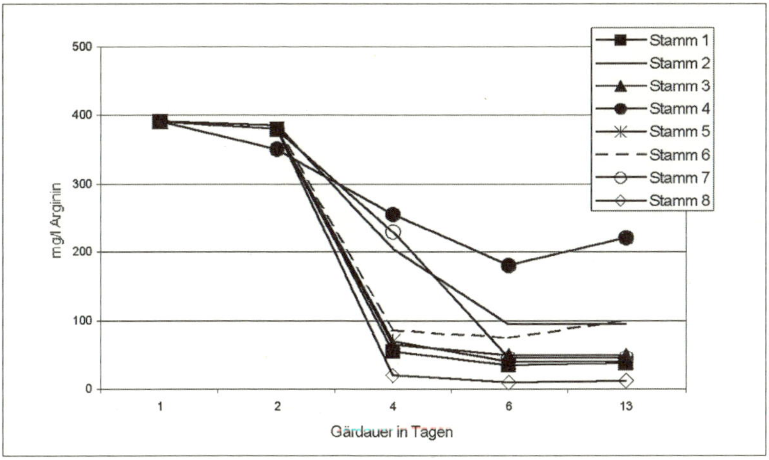

Abb. 56
Der unterschiedliche Nährstoffverbrauch von Hefen (hier Arginin) bestimmt die Ausgangssituation für die Bakterien mit.

Mostwärmer

Mitunter hat man keine der vorgenannten Möglichkeiten, oder es sind nur einige wenige Fässer betroffen. Auch wenn man sie nicht verlagern kann oder will, so wird man den Wein im Barrique auf die Starttemperatur bringen. Dazu dienen die Mostwärmer, die in zwei Varianten angeboten werden – Infrarot und Edelstahl (siehe Abb. 57, S. 64).
Beim Einsatz für den BSA bietet der Infrarotmostwärmer Vorteile. Die Erwärmung findet durch Infrarotlichtwellen statt, die den Wein gleichmäßig durchdringen – sofern dieser nicht zu trüb ist. Durch dieses Funktionsprinzip kommt es dabei an der Oberfläche des Gerätes zu keiner nennenswerten Erwärmung. So wird eine lokale Überhitzung vermieden, und die lebenden Bakterien bleiben in ihrer Aktivität unbeeinträchtigt. Durch die geringe Fass-

größe ist die Gefahr eines zu starken Aufheizens ja wesentlich größer.

Verwendet man einen Edelstahlmostwärmer, sollte man zuerst den Wein auf Temperatur bringen, dann das Gerät herausnehmen und erst anschließend die Bakterien zusetzen. Damit vermeidet man einen schädigenden Kontakt mit der heißen Oberfläche.

Abb. 57
Infrarotmostwärmer und Tauchsieder.

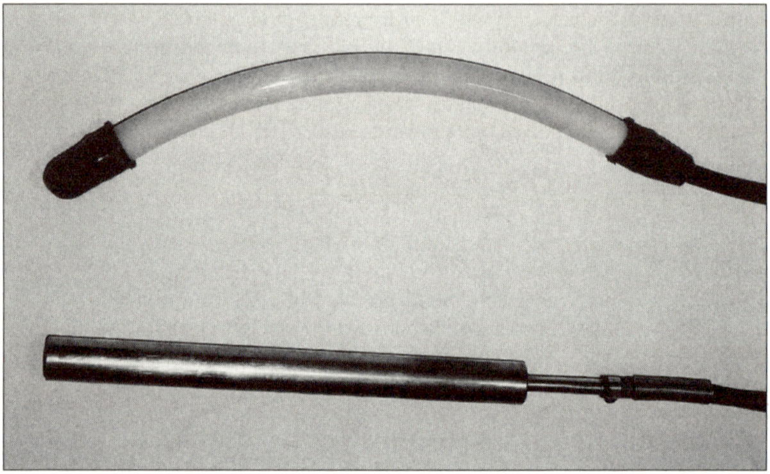

Um auf die erforderliche Keimzahl zum Starten des Säureabbaues zu kommen gibt es mehrere Möglichkeiten:
- die natürliche Vermehrung nach der Gärung abwarten
- Verschnitt mit einem im Säureabbau befindlichen Wein
- einwandfreies Bakteriengeläger eines abgebauten Weines (z. B. durch Zentrifugation erhalten)
- Bakterienstarterkulturen zusetzen

Starterkulturen

Wenn der Zusatz von Starterkulturen auch spürbare Kosten verursacht, so verkürzt er die für den Jungwein risikoreiche Zeit (Oxidation!) bis zum Beginn des Säureabbaues und sorgt auch für mehr Sicherheit, dass keine unerwünschten Bakterienstämme zu Fehlentwicklungen führen.

Welche Bakterien?

Wenn es auch ca. 25 verschiedene Bakterienarten gibt, die Äpfelsäure abbauen können, so sind es nur zwei, die dies in der für uns angestrebten Weise bewerkstelligen, ohne unangenehme Nebenprodukte zu erzeugen:

– *Oenococcus oeni* (früher *Leuconostoc oenos)* und
– *Lactobacillus plantarum.*

Der erstgenannte ist der üblicherweise eingesetzte Mikroorganismus, da er alkoholverträglich ist. Verschiedene Stämme wurden und werden selektioniert, die auf erhöhte Alkoholtoleranz, SO_2-Verträglichkeit und gute sensorische Auswirkungen abzielen.

Lactobacillus plantarum verträgt keinen Alkohol und muss vor der Gärung eingesetzt werden. Dies hat zur Folge, dass zumeist kein vollständiger Säureabbau erfolgt. Dafür werden aber die gebildeten Begleitaromen durch die Gärung eliminiert und somit gleich wieder unwirksam gemacht. Dadurch hat der Jungwein keinen BSA-Ton.

Bakterien vor oder nach der Gärung?

Eine mögliche Verfahrensweise ist heute, zuerst mit *Lactobacillus* einen Teilabbau zu machen, und nach der Gärung den Rest an Äpfelsäure mit Oenococcus oeni zu entfernen. Dadurch entsteht im Wein nur ein geringerer Anteil an Abbauaromen, die dann auch schneller im Wein eingebunden sind. Dieser ist dann auch entsprechend schneller trinkreif.

Generell wird aber *Oenococcus oeni* nach der Gärung eingesetzt.

Wird der Weißwein auf dem vollen Geläger gelagert, so wird sich eine oftmalige Batonage vorteilhaft auf die Einleitung auswirken. Soll ein BSA vermieden werden, so ist eine relativ starke Vorklärung vorteilhaft.

Wo soll der Säureabbau gemacht werden?

Im großen Behälter ist der Ablauf leichter kontrollier- und steuerbar, als bei der Durchführung im Barrique. Durch den stärkeren Lufteinfluss kommt es dort zu rascherer Harmonisierung und dem Abbau der BSA-Aromen. Dafür ist der Arbeitsaufwand wesentlich höher.

Eine vor allem in Italien oft anzutreffende Verschlussart für den Säureabbau sind die „Colmatore", ein Gärspund mit Ausgleichsgefäß aus Glas oder Kunststoff. Durch diese Form mit Ausgleichsbehälter kann sowohl das beim Säureabbau entstehende CO_2 entweichen als auch das Fass immer voll gehalten werden. Zugleich hat man auch aus der Distanz eine optische Kontrollmöglichkeit (siehe Abb. 58 + 59, S. 66).

Abb. 58
Barriquekeller mit Gärspunden („Colmatore"): Durch diese Form mit Ausgleichsbehälter kann sowohl das beim Säureabbau entstehende CO_2 entweichen als auch das Fass immer voll gehalten werden.

Abb. 59
Preisgünstige Ausführung der Gärspunde aus Plastik

Wie kann man den BSA kontrollieren?

Die einfachste Möglichkeit ist das Beobachten der CO_2-Entwicklung – sofern nicht die Gärungskohlensäure sich noch entbindet und einen BSA vortäuscht.
Eine Überprüfung der Titrierbaren Säure ist eine übliche Methode, um zu sehen ob sich „etwas tut". Hat man vorher das Verhältnis Weinsäure zu Äpfelsäure in Erfahrung gebracht, so kann man abschätzen, bei welchem Säurewert der BSA fertig sein muss.

pH-Meter

Sofern man das Gerät hat, ist das Messen des pH-Wertes direkt im Fass eine einfache Arbeit. Man erhält zwar keine korrekte Angabe über den wahren Säurewert, aber ebenfalls eine Anzeige, ob eine Veränderung stattfindet.
Analytische Kontrolle, durch einfache Papierchromatographie, die als Testset für den Winzer angeboten wird, ist eine weitere Möglichkeit. Sie zeigt das Vorhandensein der beiden Säuren genauer, aber auch mit mehr Kostenaufwand an. Im Fachlabor werden die Untersuchungen zumeist mittels enzymatischen Methoden durchgeführt. Die dafür notwendigen Reagenzien und Geräte sind nur bei größerer Probemenge wirtschaftlich.

Mikroskop

Die Abnahme der Äpfelsäure ist zwar ein Indiz für den BSA, sagt aber nichts über den sensorisch positiven oder negativen Verlauf aus. Hat man den Verdacht auf Fehlentwicklungen oder schon Probleme in dieser Richtung gehabt, so lohnt sich auf jeden Fall eine mikroskopische Beurteilung. Ob die „richtigen" Bakterien an der Arbeit sind, oder ob der BSA mit der vorhandenen unerwünschten Population abgebrochen werden soll, lässt sich so schnell entscheiden.
Abb. 60 zeigt einen Jungwein im vollen Säureabbau. Neben Hefen und Trubstoffen sind an Bakterien nur die längeren und kürzeren Ketten von *Oenococcus oeni* zu sehen.
Abb. 61 ist das Bild eines gefährdeten Weines. Neben den erwünschten Bakterien finden auch zahlreiche andere Mikroorganismen Gelegenheit für ihre Tätigkeit. (Siehe Abb. 60 + 61, S. 68).

Abb. 60
Jungwein im Säureabbau.
3: Lange Bakterienketten,
1: runde und ovale Hefen,
2: Trubstoffe

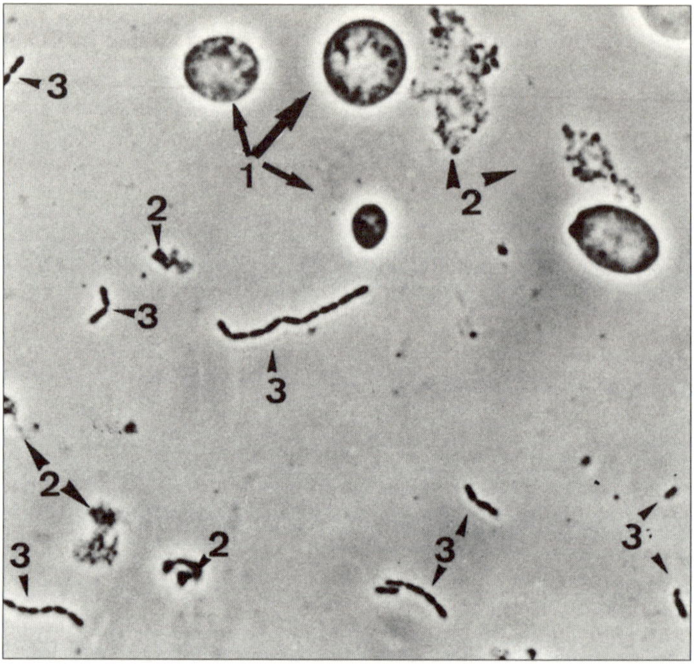

Abb. 61
Gefährdeter Wein.
K: Kokken,
E: erhöhte Anzahl von Essigsäurebakterien,
1: Langstäbchen,
G: erwünschte Säureabbaubakterien

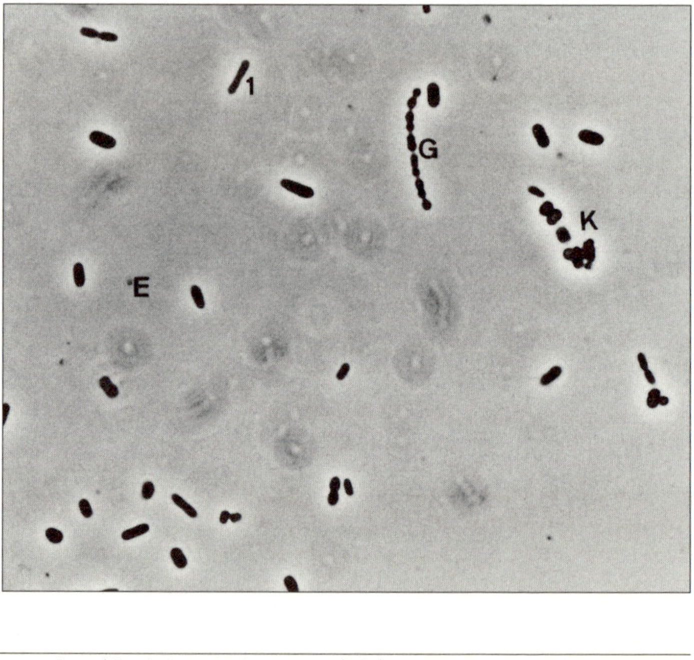

8 Lagerdauer, Weinklärung und Füllung

Auf den ersten Blick mögen Klärung und Lagerung zwei voneinander unabhängige Begriffe sein. Gerade bei der Barriquelagerung können aber diese beiden je nach Verfahrensweise einander gegenseitig beeinflussen.

8.1 Lagerdauer

Eine generelle Zeit für die Länge der Lagerung im kleinen Fass kann guten Gewissens nicht angegeben werden, schließlich entscheiden darüber mehrere Faktoren:
- Ausgangswein (Weiss, Rot, körperreich?)
- Erwünschter Weincharakter (zarte oder starke Holznote?)
- Blanker Wein oder mit Hefe (Klärung nötig?)
- Holzart (Charakter?)
- Fasszustand (Erst-, Zweit-, Drittbelegung?)
- Ganzer Wein oder nur Teilmenge eingelagert (Rückverschnitt?)

Schlankere Weine werden ebenso eine kürzere Lagerzeit benötigen, wie auch eine erwünschte leichte Holznote schneller erreicht ist als eine stärkere. Dazu kommt die Belegungshäufigkeit. Ein neues Fass wird bei diesen Weinen einen zu dominanten Holzeindruck hinterlassen, günstiger ist eine Zweit- oder Drittbefüllung.

Bei kräftigen Rotweinen wird für den Ausbau eine längere Zeit nötig sein. Beispielsweise lagern die sehr gerbstoffreichen Weine aus dem Bordelais mindestens 18 Monate, bis die Traubentannine abgerundet und stabilisiert, und die erwünschte Holzaromen erreicht sind.

Wird der Wein bereits blank filtriert ins Barrique gelegt, so kann die Lagerzeit eher kürzer gehalten werden, bis der gewünschte sensorische Effekt erreicht ist.

Grundsätzlich kann der Holzton etwas stärker werden als in der Flasche angestrebt, denn durch eine abschließende Filtration und die Füllung geht etwas an Intensität verloren.

Wurde eine Teilmenge des Weins nicht ins Fass gelegt, so hat man eine zusätzliche Möglichkeit, einer Abrundung des Weines durch Rückverschnitt, sollte die Holznote zu stark geworden sein.

Zu bedenken ist auch, dass mit der steigenden Lagerdauer ebenso die Verdunstungsverluste zunehmen.

Die Reifung und Farbstabilisierung bei Rotwein erfolgt durch den Luftzutritt durch das Fassholz bei der Größe des Barriques in ausreichender Weise (siehe auch Kapitel 4.2). Die bei größeren Behältern eingesetzte Mikrooxidation wird von einigen wenigen Betrieben auch bei den kleinen Holzfässern verwendet. Dadurch soll die Reifung noch optimiert werden. Dabei wird aber nicht generell „nach Rezept" vorgegangen. Nach einer sensorischen Beurteilung wird für jedes Fass einzeln entschieden.

Abb. 62
Mikrooxidationsanlage mit vier Ausgängen, für Groß- und Kleinbehälter

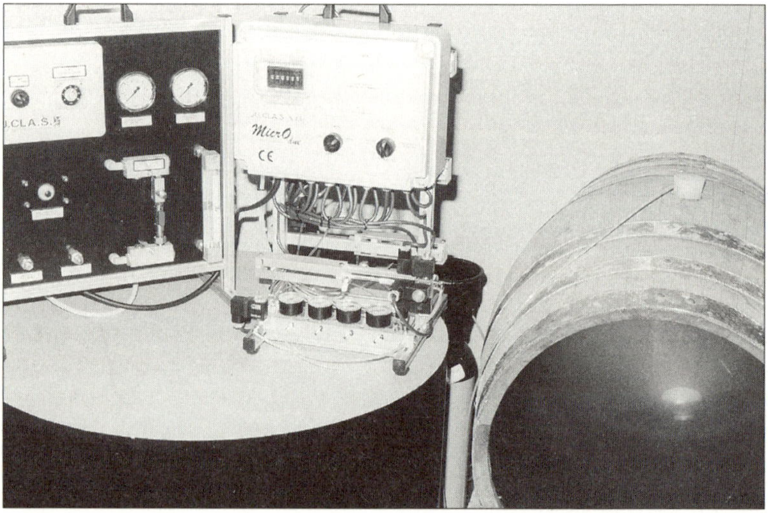

8.2 Weinklärung

Wird Weißwein mit Feinhefe eingelagert und ist die Lagerung *Sur lie* und der BSA abgeschlossen, so wird einmal umgezogen. Ob dabei gleich vorfiltriert wird, hängt von den betrieblichen Möglichkeiten und Gepflogenheiten zusammen. Bei säurearmen Jahren mit hohem pH ist man mit baldiger Klärung auf der mikrobiologisch sicheren Seite.

Aufgrund der komplexen kolloidalen Weinstruktur, vor allem bei Rotwein, wird häufig nur abgezogen, um ihm durch Filtration nicht zuviel zu „nehmen“.
Bei Rotwein ist ein Umziehen alle drei Monate in vielen Weinbaugebieten und Ländern die übliche Methode der Klärung, Kontrolle und Unterstützung der Reifung. Dies setzt natürlich die entsprechend lange Lagerdauer voraus – und auch die Konstitution des Weines.
Auch eine die Klärung unterstützende Beischönung wird bei einem Abzug vorgenommen. Meist ist dies eine Eiklarschönung, die an sich der Gerbstoffabrundung dient. Die Dosierung liegt bei österreichischen Verhältnissen bei 1–3 Eiklar pro Barrique, (im Bordelais arbeitet man mit 4–6 Eiklar).

Reine Klärschönungen werden zumeist mit Kieselsol und Gelatine gemacht, nachdem der Wein der in Frage kommenden Barriques zur Homogenisierung in einen großen Tank gefördert worden ist. Nach dem Absetzen wird wieder auf die gereinigten Fässer aufgeteilt.

8.3 Füllung

Auch bei der Abfüllung von Barriqueweinen ist heute der Trend zu erkennen, im Bestreben alle Weininhaltsstoffe in die Flasche zu bringen, nur mit sehr geringer Klärschärfe oder überhaupt ohne Filtration abzufüllen. Vor allem bei hochwertigen Rotweinen ist das vermehrt in Mode. „Unfiltriert“, „sans filtration“ wird dann auch am Etikett vermerkt. Leisten kann man sich diese Vorgangsweise aber nur, wenn die erforderlichen Rahmenbedingungen eingehalten werden:
- Hoher Alkoholgehalt
- Vollkommener Biologischer Säureabbau
- Kein hoher pH (Jahrgang!)
- Biologisch ruhiger Wein – durch lange Lagerung
- Ausreichende Schwefelung

Ausreichend SO_2

Gerade der letzte Punkt ist nicht zu vernachlässigen. Der Gehalt an schwefelzehrenden Partikeln ist bei unfiltrierten Weinen wesentlich höher, wenn auch mit dem Auge nicht sichtbar. Ein zu geringer SO_2-Spiegel kann zu unangenehmen Überraschungen wie vorzeitiges Braunwerden, oder bakterielle Entwicklungen, wie z. B. Zähwerden, führen.

Literaturquellen

ALLACHER, M.: Der Einsatz von Eichenholzchips bei Weißwein. Diplomprojekt HBLABA Klosterneuburg, 1999

BROSSAUD F. et. al.: Bitterness and astringency of grape and wine polyphenols. Austr. J.of grape and wine research 7, 33–39 (2001)

EDER R. u. a.:Weinfehler. Agrarverlag 2000

GREGORCIC, A. et al.: Der Gehalt an einigen aromatischen Substanzen von in Eichenfässern verschiedener Arten ausgebauten Weinen. Mitt. Klosterneuburg 44(1994):49–56

KOPP, J.: Der Einsatz von Eichenholzchips bei Rotwein. Diplomprojekt HBLABA Klosterneuburg, 1999

MAURER R., ZVORSCHI E.: Kellertechnische Grundlagen des Barriqueausbaus. Meininger Verlag (1990)

MAURER,R.: Weinausbau im Oxhoft/Barrique. Rebe&Wein, 10 (1991) 324 ff

MILTENBERGER R., MAIER C., SCHINDLER E.: Bakterien-Starterkulturen und ihr Einsatz beim mikrobiellen Säureabbau. Rebe&Wein 5 (2001)

PELLERIN P., TESSAROLO L.: Optimising the ageing of wines on lees. The Australian Grapegrower & Winemaker 1 (2001)

PFEIFER W., DIEHL W.: Der Einfluß verschiedener Weinausbaumethoden und -behälter auf die Sauerstoffabbindefähigkeit von Weinen unter besonderer Berücksichtigung der Barriqueweinbereitung. Vitic. Enol. Sci. 50 (3), (1995)

PONTALLIER P. et al. :Intervention du bois du chene dans l´evolution des vins rouges élevés en barriques.Connaiss. Vigne Vin 16 (1982)

RAPP A.: Aromastoffe des Weines. Das deutsche weinmagazin 21 (1999)

SCHNEIDER, V.: Mikrooxidation junger Rotweine, Teil I–IV, Das Deutsche Weinmagazin, 3–6, (2001)

STEIDL R.: Kellerwirtschaft, Agrarverlag (2001)

SWAN, J.: Oak´s effect on Chardonnay. Wines & Vines 3 (1997)

TROOST, G. :Technologie des Weines Verlag Eugen Ulmer, Stuttgart (1988)

VIVAS N. et al. :: Observations concerning the increase of volatile acidity in red wines whilst ageing in barrels. J. Sci. Tech. Tonnellerie. 1 (1995)

Sachregister – Stichwortverzeichnis

Wenn Sie mehr wissen wollen...

Dieses Buch zeigt auf, wie Weinfehler erkannt, vermieden und erfolgreich behoben werden können.

Weinfehler. *R. Eder u.a. 192 S., zahlr. Farbf. ISBN 3-8001-3535-3 (Bestellung in Deutschland) ISBN 3-7040-1680-2. (Bestellung in Österreich & Schweiz).*

Dieses Buch stellt in übersichtlicher Form die 330 wichtigsten Rebsorten der 60 größten rebanbauenden Länder der Erde vor. Herkunft, Verbreitung, Merkmale, Eigenschaften und der Charakter des Weines sowie die Eigenschaften der Tafeltrauben werden aufgeführt und synonyme Namen der bekannten Rebsorten genannt.

Farbatlas Rebsorten. *H. Ambrosi u. a. 2. Aufl. 1998. 320 S., 289 Farbf. ISBN 3-8001-5719-5.*

Der Schwerpunkt dieses Buches liegt auf den praktischen Verfahrensschritten wie Fruchtentsaftung, Vergärung, Klärung, Trubaufbereitung, Abfüllung, Pasteurisation und dergleichen mehr.

Fruchtweine. *E. Kolb (Hrsg.) u.a. 8. Aufl. 1999. 220 S., 45 Abb., 50 Tab. ISBN 3-8001-5544-3.*

Mikrobiologie des Weines. *H. H. Dittrich. 2. Auflage 1987. 357 Seiten, 88 Abbildungen, 70 Tabellen. ISBN 3-8001-5812-4.*

Der Winzer. *Band 1: Weinbau. E. Kadisch, E. Müller. 2. Aufl. 1999. 552 S., 454 Abb., 105 Tabellen. ISBN 3-8001-1216-7.*

Der Winzer. *Band 2: Kellerwirtschaft. F. Meidinger u.a. 3. Auflage 2001. 248 Seiten. ISBN 3-8001-1175-6.*

weitere titel aus der serie
winzerpraxis

Robert Steidl/Wolfgang Renner

Gärprobleme

Ursachen – Beurteilung – Behebung

Eine Gärstockung bedeutet Qualitätsverlust. Verschiedene Gründe können dafür verantwortlich sein, die nicht immer auf den ersten Blick zu erkennen sind.

Auf jeden Fall verursacht die Behebung einer Gärstörung erhöhten Arbeitsaufwand und Kosten. In dieser Broschüre werden für den Praktiker die Möglichkeiten aufgezeigt, Gärstörungen zu beurteilen, zu beheben und von vorneherein zu vermeiden.

ISBN 3-7040-1832-5 (für Bestellungen aus Österreich und der Schweiz)
ISBN 3-8001-3682-1 (für Bestellungen aus Deutschland)

€ 14,90 / öS 205,03*

Robert Steidl/Wolfgang Renner

Moderne Rotweinbereitung

Vinifizierung – Stabilisierung – Optimierung

Das Rotweinverständnis hat sich in den letzten Jahren sowohl beim Konsumenten wie beim Produzenten geändert. Früher überwiegend ein eher kurzlebiges Produkt, soll der Wein heute körperreich und lagerfähig sein.

Diese Anforderung bedarf neben gutem Ausgangsmaterial auch einer entsprechende Vinifikation, für die heute neue Verfahren eingesetzt werden wie z.B. Kaltmazeration oder Mikrooxidation, die aber auf alten Tatsachen und Erfahrungen beruhen.

ISBN 3-7040-1833-3 (für Bestellungen aus Österreich und der Schweiz)
ISBN 3-8001-3680-5 (für Bestellungen aus Deutschland)

€ 14,90 / öS 205,03*

In Planung für Frühjahr 2002: Biologischer Säureabbau – ISBN 3-7040-1851-1

* Preisänderungen vorbehalten.